당신이 좋다면, 저도 좋습니다

당신이 좋다면, 저도 좋습니다

코로나 시대, 다시 읽어볼 36편의 영화

초판 1쇄 발행   2020년 9월 25일
2쇄 발행   2020년 11월 23일

지은이   윤여수

펴낸이   이병례
펴낸곳   드림디자인

편 집   최현숙
디자인   정민아, 이민주
마케팅   성현지
인 쇄   청산인쇄

등록번호   제2020-000239호 2002. 09. 19.
주소   04072 서울시 마포구 성지3길 67, 4층
전화   02. 3445. 1501
팩스   02. 334. 1502
이메일   dreamdnc@nate.com
인스타그램   dreamdesign_official

ISBN   979-11-954002-3-2 03680

당신이 좋다면, 저도 좋습니다

코로나 시대, 다시 읽어볼 36편의 영화

윤여수 지음

dreamdesign

Scene 6
사랑은 사라지지 않는다

이야기를 시작하며

　2000년 12월 초 어느 날, 중국 베이징에서 동북쪽으로 550킬로미터의 거리를 버스로 일곱 시간 내달린 끝에 싱청興城의 낯선 바닷가에 서 있었다. 바다를 마주한 벼랑 위 너른 벌판에 섭씨 영하 15도의 바람이 몰아쳤다. 그 두 달여 전, 몸 담고 있던 신문사에서 부장은 '영화'를 맡으라고 했다. 새로운 취재영역을 떠안기려는 시도였다. 싫었다. 제안을 걷어차고 싶었다. "그러지 않게 해 달라."라며 때마다 간청했다. 때로는 완강하게 저항하며 거역하고자 기도企圖했다.

　싱청의 매서운 바닷바람이 원망스러웠다.

벼랑 위 벌판은 이듬해 추석 시즌에 개봉한 영화 〈무사〉의 촬영현장이었다. 당시 제작진은 황량한 풍경을 벌판 위에 펼쳐놓았다. 타이어를 태워 전장의 처절한 연기를 내고, 누렇게 색 바랜 잡초를 곳곳에 심어 영화 속 망망대해에 맞닥뜨린 고려인들의 고립감을 담아냈다. 명나라에 사신으로 왔다 간첩으로 내몰린 고려인들과 이들을 쫓는 원병들이 마지막 전투를 앞둔 해안 토성은 군데군데 허물어진 분위기로 세트가 아닌 실재의 공간처럼 위태롭게 서 있었다.

　풍경은 아득한 한 컷의 실루엣처럼 시선에 들어왔다. 왜 그랬을까.

　아찔한 듯 하늘 높이 오른 카메라 크레인, 곳곳의 검은 연기, 바닷바람이 일으킨 흙먼지 속에서 잡초 덤불이 힘없이 굴러다니는 황량함. 벌판 위 제작진은 잔뜩 긴장한 채 한겨울 혹독한 추위를 견뎌내고 있었다. 연출자 김성수 감독과 조민환 프로듀서는 전날 밤 숙소에서 지난 두 달여 현지 촬영에 얽힌 온갖 '무용담'을 밤새도록 들려주었다. 두 사람의 이야기는 그대로 영화처럼 박혀왔다. 그리고 다음날 싱청 벌판의 풍경을 더욱 실감 나게 해주었다.

　"그래. 한 번 해보지, 뭐!"

싱청의 벌판에서 지켜본 실루엣의 신선한 경험은 부장의 제안을 고사하고 명령에 완강히 저항하며 거역하고자 했던 그 모든 기도를 단박에 무산시켰다. 그제야 영화를 새로운 취재영역으로 받아들였다. 풍경은 여전히 또렷한 기억으로 남았고, 이후 영화 담당 기자로 밥 벌어먹고 살아왔다.

그날 제작진은 영화라는 한 편의 이야기를 써 내려갔다. 이야기는 바라보는 이들의 현실을 담아낸다. 현실은 다시 영화가 된다. 영화는 그 자체로 또 하나의 세상인 셈이다.

이야기가 향하는 끝의 직전, 영화의 마지막 장면을 현미경과 망원경 삼아 실제 세상을, 현실의 사람들을, 넓고도 세밀하게 들여다보고 싶었다. 하지만 시야는 여전히 좁고, 살아온 것보다 살아갈 세상이 아직은 더 멀고 넓다. 만나야 할 사람들도 그만큼 적지 않으리라.

그래서 이야기의 끝은 결코 글자 그대로 '끝'이 아닐 것이라 믿는다.

"단순히 이야기의 결말만은 아닐 터이다. 수많은 상징과 은유가 포함되기도 하기 때문이다. 들여다보는 이들이 스스로 그 결론을 맺어주길 바라는 '열린 결말'로서 갈무리하기도 한다.

한 편의 영화가 관객에게 안겨주는 진한 여운이 발원하는 또 하나의 지점, 마지막 장면, 바로 '라스트 씬Last Scene'이다. 그래서 '라스트 씬'은 어쩌면 한 편의 영화가 드러내려는 모든 것이 담긴, 단 하나의 장면일지 모른다. 때로는 '에필로그'로서 더 강렬한 인상을 남기는 경우도 많아서 '라스트 씬'의 여운은 더욱 깊고 커지기도 한다. 표기법상 맞는 표현인 '라스트 신'이 아닌 '라스트 씬'이라 쓰는 까닭도 거기에 있다."

2017년 8월 18일 자 〈스포츠동아〉 19면을 시작으로 2019년 4월 9일 자 15면까지 이렇게 전제하고 영화를 현미경과 망원경 삼아 바라본 세상에 관한 또 다른 '이야기'를 썼다. 그리고 한 편 한 편의 이야기를 새롭게 한 번, 두 번, 세 번…, 다시 바라봤다. 신문 칼럼의 속성상 그때그때 시의성이 영화 선택의 첫 번째 기준이 되었다.

칼럼을 써 내려가는 동안 마감 시간에 쫓기며 혼자서 부대끼고 혼자서 눈물 흘리며 혼자서 낄낄거렸다. 정말, 혼자서만 그랬다. 혼자서 또 뿌듯해한 적도 없지 않았지만, '아차!' 싶었던 오탈자와 어설픈 문장의 한심함이 더 컸다. 대신 한 편 한 편의 영화를 되돌려 보는 동안 관련된 책과 자료를 다시 그리고 새롭게 읽고 찾아가는 행복도 누렸다.

그렇게 써내려간 글을 고쳐 쓰고 새로 다듬었다. 이제 한 권의 책으로 세상에 내놓는다. 스스로도 알고 있으니, 부끄러워해야 할 글이라고, 부디 꾸중하지 말아주시길…. 한 편 한 편의 영화를 바라보는 당신의 시선이 여기 실린 글의 것과 다르지 않다고 공감할 수만 있다면, 그래서 "당신이 좋다면, 저도 좋습니다"라고 말할 수 있게만 된다면, 꾸중도 달게 받아들일 일이다.

2020년 8월의 어느 새벽, 서울 수유동의 한 카페에서 충분히 자책하며 이 글을 드린다.

P.S〉

출판사 이병례 대표와 편집자는 흔하고도 진부한 형식적 감사 문장을 쓰지 말라고 준엄하게 당부했다. 그러나 영화 〈무사〉의 촬영현장 풍경에서 느낀바, 세상 모든 영화의 감독과 배우와 제작자를 비롯한 스태프의 치열함에 감사해야 함은 어쩔 수 없는 일이다.

"

괜찮아,
당신 잘못이 아니에요.

"

<나, 다니엘 블레이크> 중에서

Scene
1

돌고 돌아 결국, 다시 –
사람과 사람이다

기생충

냄 새 에 계 획 은 없 다

　아버지와 어머니는 짧으면 1년, 길게는 2년마다 한 번씩 이불 보따리를 쌌다. 어머니는 잡동사니 같은 살림살이를 커다란 고무 대야에 차곡차곡 쌓아 넣었다. 그러면서 처지를 넋두리했다. 아버지는 보잘것없는 세간을 '리어카'에 실었다. 아버지는 어머니의 넋두리를 들은 체 만 체 했다. 오랜 세월 노동으로 거칠고 투박해진 아버지의 팔뚝에는 가난한 삶을 지탱하려는 의지로 굵은 힘줄이 불거져 나왔다.

　아버지와 어머니는 부엌 딸린 단칸방에 살림살이를 풀어냈다.

좀 더 살림살이가 나아졌는지 때로는 '투룸'이기도 했다.

오로지 한국에만 존재한다는 전세 제도(그것도 전세살이를 온전히 보호해주는 법적 안전망이 완전하지 않았던) 아래서 아버지와 어머니는 집주인이 전셋값을 올려 받으려 할 때는 어김없이 이불 보따리를 꺼내 쌌다. 집주인의 요구를 맞춰줄 돈이 모자랐기 때문이다. 수많은 전세살이가 그렇듯 말이다.

엇비슷한 전세 가구를 두서넛 받아들인 주인집은 어린 시선에 늘 으리으리해 보였다. 마치 샹들리에의 화려한 빛을 발할 것 같은 조명기구와 그 아래 넓은 거실에 안온하게 들어앉은 가죽 소파가 으리으리함의 상징으로 다가왔다. 상징은 감히 범접할 수 없는 존재감으로 셋방살이의 어린 시선을 절로 주눅 들게 했다.

하지만 사소한 감정싸움 끝에 "전세 사는 주제에!"라고 내뱉은 주인집 아들의 단 한 마디는 주눅마저 쉽게 허락하지 않았다.

가난이 위치한
지상과 지하의 경계

1970년대 초반 이후 아버지와 어머니는 행정구역상 같은 동洞으로 묶인 동네를 20여 년의 세월 동안 맴돌고 나서야, 서울 외곽의 자그마한 신도시 아파트 한 칸을 비로소 '내 집'으로 갖게 됐다. 더는 이불 보따리를 싸지 않아도 됐으니 다행이었다.

아버지와 어머니는 때로 힘겨운 전세의 살림살이를 반지하의 공간에 풀어놓기도 했다. 방 창문의 아래 창틀이 바깥 지상의 바닥과 평행으로 닿은 반지하의 구조에 햇볕은 쉽게 들지 않았다. 꿉꿉함은 사시사철로 이어져 냄새를 풍겨냈을지 모른다. 작가 박상영이 소설 '알려지지 않은 예술가의 눈물과 자이툰 파스타'에서 "축축한 느낌은 그렇다 쳐도 도무지 정체를 알 수 없는"[1]이라고 가리킨 바로 그 냄새!

IT 벤처 기업 CEO 박동익 사장은 이를 "아주 오래된 무말랭이 냄새? 행주 삶을 때 나는 냄새?"라면서 "암튼 말로 설명할 수 없"다고 말했다. 그러면서 "지하철 타면 나는 냄새, 지하철 타시는 분들 특유의 냄새"라고 자답했다.

서울교통공사에 따르면 2018년 서울 지하철 1~8호선의 하루 평균 수송 인원은 731만 8,193명이다. 박 사장의 말대로라면, 731만여 지하철 승객들의 몸에서 바로 그 "특유의 냄새"가 배어날 것이다. 서울 말고도 부산과 대구 등 다른 대도시에서도 지하철이 노선을 매일 같이 순환하거나 내달리고 있으니, 어쩌면 냄새는 대한민국 곳곳에 퍼져가고 있을 것이다. 그러니 주인집 아들이 전세살이 아이로부터 냄새를 맡는 건 당연했을지 모른다.

사실 냄새는 이미 오래전부터 세상에 진동했다. 1970년대 '난장이' 김불이의 판잣집이 자리 잡은 서울 낙원구 행복동의 개천은 냄새의 "정체"를 가르는 경계였다. 김불이의 세 남매 영수와 영호 그리고 영희는 세상이 그어놓은 또 하나의 가혹한 경계의 냄새를 맡았다.

장남 영수는 개천 건너 부자 동네 주택가에서 나는 "고기 굽는 냄새"로나마 고기를 먹고 싶었다. 종종 고기 냄새를 맡으로 갔던 그는 자신의 "동네에서 풍기는 냄새가 창피했다."[2] 여동생 영희의 몸에서 "풀냄새"를 맡고는 "이 구역 안에서 한 걸음도 밖으로 나갈 수 없다는 것을 깨달았다."[3]

김불이의 동네는 재개발 지구로 지정됐고, 그의 판잣집은 철거 대상이었다. 자신의 집이 허물어진 뒤 그 위에 새롭게 들어설 아파트에 들어가고 싶지만 가난한 삶은 이를 허락하지 않는다. 아파트 입주권을 사고파는 이들이 몰려든 동사무소에서 둘째 영호는 팔려는 사람들의 "영양이 나쁜 얼굴들"에서 "눈물 냄새를 가슴으로 맡았다."[4] 열일곱 살 영희는 헐값에 내다 판 아파트 입주권을 되찾으려 기어이 몸을 내던지고 말았다. 그렇게, 다량의 입주권을 획득해 부를 축적해가는 남자의 "정액 냄새"가 영희의 몸에서 풍겼다.[5]

김불이 가족은 마침내 고깃국을 끓이고, 고기를 구웠다. 쇠망치에 집이 헐리는 날이었다. 이미 무너져 내린 이웃집의 잔해로 불을 때는 영수의 몸에서는 "연기 냄새"가 났다.[6]

김불이 가족은 경기도 성남으로 이주했다. 아마도 또 다른 판자촌으로 향했을 것이다. 아니면 반지하에 스며들었을지도 모른다. 성남에는 또 그만큼 가난한 이들이 모여들었다.[7]

반지하층은 1970년 건축법이 바뀌면서 '북괴'의 침략에 대비해 건물마다 의무적으로 설치해야 했던 방공호를 개조 또는 개축한 공간이었다. 방공호에 살림살이를 꾸리는 것은 엄연한 불법행위였지만, 사람들은 반지하층으로 밀려들었다. 급격한 산업화와 도시화로 폭발적으로 늘어난 수도권 인구를 감당해낼 거주 공간이 부족한 때였다. 집주인들은 집을 개조하거나 개축해 반지하층을 만들었다.

전세나 월세를 내주어 임대수익을 쌓고 싶은 집주인들의 욕망과 더 싼 가격의 공간을 찾아야 하는 김불이 가족'들'의 절박한 현실적 필요가 맞닿았다. 욕망과 현실적 필요의 공생은 넘쳐나서, 훗날 반지하 거주 공간을 합법화했다. 그리고 긴 세월 보편적인 거주 공간이 됐다.

가난한 사람들은 "일층의 우유 배급소에 기생하던 바퀴벌레와 그리마와 바구미와 전래 동화에 나올 것 같은 지네"[8]와 함께 반지하에서 살았다. 습한 환경을 좋아하는 벌레들, 그 가운데서도 그리마는 '돈벌레'로 불렸다. 돈벌레가 있는 집은 부자가 된다는데, 반지하의 일상에 그런 날은, 쉽게 들지 않는 햇볕처럼, 찾아오지 않았다.

선악의 구별을 지우니
오히려 드러나는 빈부의 구분

박동익 사장은 반지하에 사는 운전기사 기택과 자신의 집에서 몰래 '기생해온' 근세로부터 뿜어져 나온다고 생각한 냄새에 절로 코를 틀어막으며 기어이 얼굴을 찌푸리고 말았다. 갖지 못한 자들, 없는 자들에 대한 혐오나 적대감이었을까. 이들에게서 나는 꿉꿉한 냄새가 자신의 안온하고 부유한 일상의 선을 기어이 넘어온 것에 대한 분노 때문이었을까.

"지하철 탄 지가 너무 오래돼서" "지하철 타면 나는 냄새, 지하철 타시는 분들 특유의 냄새"를 모른다는 아내 연교의 말처럼, 아마도 갖지 못한 자들에게 그저 무관심했던 것뿐이었을지 모른다. 그럴 때 기택은 혐오와 적대감 또는 분노로 박 사장의 혐오와 적대감 또는 분노, 어쩌면 무관심의 사이 어디쯤엔가 칼을 꽂고서 지하로 깊숙이 숨어 들어갔다. 아마도 기택은 거기서 영영 빠져

나올 수 없을 것이다. 오랜 세월 햇볕을 쬘 수 없을 것이다. 김불이의 장남 영수가 "이 구역 안에서 한 걸음도 밖으로 나갈 수 없다는 것"을 깨달았던 것처럼.

기택과 박 사장의 운명을 가른 물질적 정체성의 경계는 뚜렷해졌다. 격차 역시 크게 벌어지며 이제 수많은 영수'들'과 기택'들'이 직면한 가혹한 현실이 되었다. 더욱이 2020년 '신종 코로나바이러스 감염증(코로나19)'이라는 전대미문의 감염병은 가진 자와 갖지 못한 자의 물질적 정체성의 경계를 더욱 뚜렷하게 하고, 격차도 더욱 크게 벌려놓을지 모른다. 감염병이 확산하는 상황에서 갖지 못한 많은 자가 현실에서 또 밀려나고 있기 때문이다. 특히 임금근로자를 비롯한 임시일용직과 자영업자, 10대와 여성 등 힘없는 이들의 설 자리가 차츰 없어져가고 있다는 지표는 얼마나 많은가.

실제로 2020년 6월 한국은행은 「코로나19 이후 경제구조 변화와 우리 경제 영향」 보고서를 통해 코로나19의 피해가 취약계층에 집중되고 소득분배를 악화시킬 수 있음을 경고했다. 이는 다시 임시일용직과 자영업자 등에 악영향을 미치며 악순환할 것이라고 내다봤다. 민간연구기관 현대경제연구원도 국내 코로나19 첫 확진자가 나온 1월 이후 "중소기업과 소득 최하위계층, 자영업자와 임시일용직, 여성"에게 "가장 폭넓고 깊게 충격"을 주었다

고 2020년 8월 25일 밝혔다.[9]

◆

　어쩌면 구조적 힘겨움도 냄새처럼 이미 오래전부터 시작되었
나 보다. 박동익 사장이 비웃듯 언급한 "오래된 무말랭이" 냄새
가 몸에 잔뜩 배어있을지 모를, 1970년대 김불이의 둘째 영호는
그것으로라도 밥을 먹고 싶었다. 열악한 노동환경과 저임금 구조
아래서 그는 허황한 "희망 대신 간이 알맞은 무말랭이가 우리의
공장 식탁에 오르기를 더 원했"[10]다. 장남 영수는 난장이 아버지
에게 잔뜩 허리 굽혀 인사하는 낯선 자들을 믿지 않았다. 낯선 자
들은 때마다 나타나 "이러이러한 나랏일을 하겠으니 그 일을 하
게 해달라"면서 "엉뚱하게도 계획을 내세웠다."[11] 이미 그 전에 또
다른 낯선 자들이 같은 계획을 되풀이해 내놓았던 바였다. 영수
는 자신에게 필요한 것은 "계획이 아니"라, "우리의 고통을 알아
주고 그 고통을 함께 져줄 사람"이라는 것을 알고 있었다.[12]

　기택도 계획을 말했다. 하지만 그는 "가장 완벽한 계획은 무계
획"이라고 말할 수밖에 없다. 어떤 희망도 가질 수 없는 자신의
처지, 아니 세상의 구조적 힘겨움 앞에서 계획이란 얼마나 허망
한 것인지를 말하려는 것이었을까. 가난한 반지하의 삶에 계획이

란, 애당초 무망한 것일까. 기택은 애써 눈을 가렸다.

"지금은 코로나19 방역 응급 상황!"

2020년 8월 말, 지하철 역사 안에 울려 퍼지는 안내방송이 심상치 않게 들렸다.

연관 검색 영화

조커(2019)

감독 | 토드 필립스
주연 | 호아킨 피닉스

불편한 현실을 응시하게 하는 악인의 서글픈 웃음

1 박상영 지음, 소설 《햄릿 어떠세요?》, 《알려지지 않은 예술가의 눈물과 자이툰 파스타》, 문학동네, 2018년
2, 3, 4, 5, 6 조세희 지음, 소설 《난장이가 쏘아올린 작은 공》, 《난장이가 쏘아올린 작은 공》, 이성과 힘, 2000년
7 전국 36만 3,896가구가 반지하에 거주하며 그 가운데 2만 5,683가구가 성남에 자리 잡았다. 전국 시군구
   단위로만 따져 가장 많은 수치다. 통계청, 2015년 인구주택 총조사
8 박상영 지음, 소설 《햄릿 어떠세요?》, 《알려지지 않은 예술가의 눈물과 자이툰 파스타》, 문학동네, 2018년
9 현대경제연구원, 〈코로나19 충격의 경제부문별 영향〉 보고서, 한겨레 2020년 8월25일 자 재인용
10, 11, 12 조세희 지음, 소설 《난장이가 쏘아올린 작은 공》, 《난장이가 쏘아올린 작은 공》, 이성과 힘, 2000년

영화 〈기생충〉은?

2019년 칸 국제영화제 최고상인 황금종려상 및 2020년
미국 아카데미 작품상·감독상·각본상 등 4관왕을 차지했다.
한국영화사 100년 최고의 성취로 꼽힌다.
자수성가한 IT 벤처 기업 CEO 박동익과 아내 연교의
거대 저택에 스며든 가난한 기택네 가족 그리고 저택의
비밀스러운 공간에 존재하는 근세 부부의 이야기.
봉준호 감독과 배우 송강호, 이선균, 조여정,
최우식, 박소담 등이 손잡고 빈부의 양극화 현실을 꼬집었다.
다만, 가진 자와 갖지 못한 자들 사이에 혐오와 적대감의 경계는
뚜렷하지 않다. 선악의 구별이 보이지 않으니, 가진 자와
갖지 못한 자들을 구분하는 세상은 오히려 더욱 뚜렷하게 드러난다.

부산행

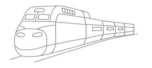

상 처 의 자 리 에 서
사 람 이 피 어 난 다

"모로 누워 칼잠을 자야 하는 좁은 잠자리는 옆사람을 단지
37도의 열덩어리로만 느끼게 합니다. 이것은 옆사람의 체온
으로 추위를 이겨 나가는 겨울철의 원시적 우정과는 극명한
대조를 이루는 형벌 중의 형벌입니다. 자기의 가장 가까이에
있는 사람을 미워한다는 사실, 자기의 가장 가까이에 있는 사
람으로부터 미움을 받는다는 사실은 매우 불행한 일입니다.
더우기(원문 표기) 그 미움의 원인이 자신의 고의적인 소행에
서 연유된 것이 아니고 자신의 존재 그 자체 때문이라는 사실

은 그 불행을 매우 절망적인 것으로 만듭니다."[1]

고 신영복 성공회대 석좌교수의 책《감옥으로부터의 사색》에 실린, 그 유명한 '여름 징역살이' 가운데 한 부분이다.

서로를 위하지 않는 지금
여기가 바로 지옥

신 교수는 1968년 통일혁명당 사건에 연루돼 무기징역형을 선고받고 옥살이를 하던 도중이었던 1985년 8월 대전교도소에서 동생의 아내인 계수에게 보낸 편지에 이렇게 썼다. "사람이 살기는 겨울보다 여름이 낫다고 하지만, 교도소의 우리들은 없이 살기는 더합니다만, 차라리 겨울을 택합니다. 왜냐하면 여름 징역의 열 가지, 스무 가지 장점을 일시에 무색케 해버리는 결정적인 사실-자기의 바로 옆사람을 증오하게 한다는 사실 때문입니다."[2] 냉방장치는커녕 조각난 하늘만 보이는 작은 사각형의 창만이 바깥의 바람을 존재감도 없이 불러들이는 교도소의 뜨거운 여름, 비좁은 감방 안에서 수인들은 그렇게 서로의 몸을 부딪쳐가는 와중에 저도 모르게 '37도의 열덩어리'가 되어 서로를 원망하게 된다는 것이다. 겨울에 이르러 맹혹한 추위를 막아내기 위해서라도 서로 몸을 닿아내며 체온을 나누지만, 여름은 오히려 서로의 몸과 몸을 적대시하게 할 뿐이다. 그래서 사람은 또 얼마나 이기적인 존재인지를 스스로, 어쩔 수 없이 드러내기도 한다.

무릇 세상은 혼자서는 살아갈 수 없으니, 이러거나 저러거나 반드시 타인(들)과 얽히고설키는 관계로 온전한 일상을 이룰 수 있을 게다. 하지만 사람과 사람의 관계가 늘 이타성과 배려로써만 이어지는 것은 아니어서 사람은 시시때때로, 이타성과 배려의 시간보다 훨씬 많은 순간순간, 이기적 태도로 자신을 지켜내려 할 것이다. 그러나 "우리는 알고 있다."라고 신 교수는 되돌아본다. "오늘 내일 온다 온다 하던 비 한 줄금 내리고 나면 노염老炎도 더는 버티지 못할 줄 알고 있으며, 머지않아 조석朝夕의 추량秋涼은 우리들끼리 서로 키워 왔던 불행한 증오를 서서히 거두어 가고, 그 상처의 자리에서 이웃들의 '따뜻한 가슴'을 깨닫게 해줄 것임을 알고 있습니다.(원문 표기)"3

그의 말이 실체 없는 낙관주의에서 비롯되지 않은 것임을 우리도 알고 있다. 각자의 일상을 옥죄어오는 상황에서도 사람은 그 옆자리에 또 다른 사람이 있다는 것을 결코 잊은 적이 없었음을 말이다.

부산으로 향하는 고속열차 안에서 벌어진 절체절명의 재난 상황. 대다수가 자신의 목숨을 부지하기 위해 옆자리 사람을 위급

한 상황으로 내모는 몸부림 앞에서도 또 다른 자리의 사람들은 내몰린 이들의 손을 잡아주었다. 열차 안의 사람들, 아니 온 세상 사람들을 재난으로 몰고 간 건 처음부터 사람의 이기심이었다. 저 혼자 살아남겠다며 잠시 눈 질끈 감고 비켜 지나온 길 위에서 재난은 발생했다. 그러나 사람은 애써 재난의 발생 원인에서 멀어져 자신이 저지른 이기적 비행의 흔적조차 기억하지 못한다. 아니, 기억하지 않으려 하는지도 모른다. 재난이 늘 사람의 '고의적인 소행'과는 거리가 먼, 천재지변의 것으로만 인식되고 주장될 가능성이 농후한 것도 그 때문이다.

더욱 안타까운 것은 그러고서야, 재난으로 수많은 이들이 목숨을 잃은 뒤에서야, 세상의 이기심을 깨닫곤 한다는 점이다. 그나마도 잠시 부끄러움의 각성을 안겨줄 뿐 세상은 개선의 실천으로 나아가지 못한다.

가장 낮고
험한 곳에서 피는 꽃

그러한 부끄러움의 각성 위에서 힘겨워도 타인의 손을 잡아주려는 이들이 있다. 그때 왜, 늘, 그들은 힘없는 사람들이어야 하는 것일까. 임신부이거나, 아직 세상을 제대로 겪어보지 못한 10대이거나, 세상으로부터 버림받은 노숙자와 같은 약자들 말이다. 아니다, 이들은 그렇게 힘이 없어서, 버림받아서, 연대의 의미를 절로 받아들일 수밖에 없었을 것이다. 힘이 없기에 서로 손을 잡아 더 큰 힘을 만들어내고, 버림받았기에 더욱더 서로를 보듬어 닥쳐오는 재난의 위험에서 살아날 수 있음을 알게 됐을 것이다. 이기주의의 제 살길만 찾아가려는 이들의 최후를 바로 옆자리에서 확인했으니, 이들로서는 연대의 힘만이 자신들을 지켜줄 거라고 확신했을 것이다.

새로운 생명을 품은 임신부는 그래서 이기적인 타성에 젖은 세상이 장차 태어날 아이의 것이 되지 않기를 바랐을지 모른다. 아직 무르익지 않은 채로 위험한 세상에 내동댕이쳐진 10대들은 자신들의 미약한 힘을 잇고 또 이어 위기에서 탈출할 수 있을 거라 믿었을 것이다. 버림받아서 몸으로 현실을 감당해낼 수밖에 없는 노숙인의 설움은, 비록 지금은 아무런 힘이 없지만 바로 그 몸으로 세상 앞에 당당히 나설 수 있는 토대를, 스스로를 내던지는 희생으로써 마련하고자 했을 것이다. 중산층의 이기적인 안온함을 버릴 수 없었던 아빠가 어린 딸로부터 자기밖에 모른다는 원망 가득한 비난을 받고 나서야 이타적 본성을 되찾아갈 때, 임신부와 10대와 노숙인이 내민 연대의 손으로 위험 가득한 세상은 비로소 온전하게 개선되어갈 것이다.

◆

　1906년 미국 샌프란시스코 대지진으로부터 2005년 뉴올리언스 홍수까지 다양한 대재난 속에서 피어난 연대의 힘을 실증한 미국의 저널리스트 레베카 솔닛Rebecca Solnit은 저서《이 폐허를 응시하라》에서 재난의 위험 앞에 놓인 인간은 크게 두 부류로 나뉜다고 말했다. "이타주의와 상호부조를 향해 나아가는 다수와 냉담함과 이기심으로 2차적 재난을 부르는 소수"다. "다수는 흔히 이기심과 경쟁에 대한 자신의 막연한 믿음에 반하여 행동하며, 소수는 자신의 이념을 고수"한다. 솔닛은 결국, 소수의 이기심이 몰고 온 재난의 위험을 끝내는 것은 "이타주의와 상호부조를 향해 나아가는 다수"의 연대라고 말했다.4

　사상 최악의 폭염 속에서 어느 아파트 주민들이 재개발 추진 중이라는 이유로 경비실의 에어컨 설치를 반대한다는 방송 뉴스를 접했다. 곳곳에서 이기심을 목격하는 일은 수 없다.

　재난은 늘 그렇게 이기적인 일상에서부터 몰려왔고, 몰려오며, 몰려올 것이다.

연관 검색 영화

괴물 (2006)

감독 | 봉준호
주연 | 송강호, 박해일, 변희봉, 배두나

재난은 없다. 오로지 인재人災만 있을 뿐!

도가니(2011)

감독 | 황동혁
주연 | 공유, 정유미

공유 주연작. 로맨틱 가이의 이미지를 벗긴 수작

1, 2, 3 신영복 지음, 《감옥으로부터의 사색》, 햇빛출판사, 1990년
4   레베카 솔닛 지음, 《이 폐허를 응시하라》, 정해영 옮김, 펜타그램, 2012년

영화 〈부산행〉은?

상업영화로, 좀비 이야기를 본격 소재 삼았다.
부산행 KTX 승객들이 좀비의 공격에 맞닥뜨려 드러내는 이기심,
하지만 그와 반대로 이타적 희생으로 이에 맞서려는 이들의 이야기가
고조되는 긴장감 속에서 관객의 폭넓은 공감을 얻었다.
공포를 자아내는 좀비의 모습을 실감 나게 구현해낸,
애니메이션 연출자 출신 연상호 감독의 첫 실사영화다.
2016년 7월 개봉해 1,150만여 명의 관객을 불러 모았다.
공유, 마동석, 김의성, 최우식, 정유미 등이 출연했다.

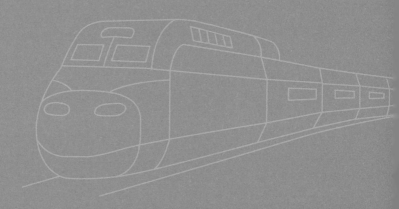

너의 이름은.

잊 지 않 을 게

"한데 모여들어 형태를 만들고 엉키고 꼬이고, 때로는 돌아오고 끊어지고, 다시 이어지고…."

그 모습이 마치 매듭과도 같았다는 '무스비'라 불리는 땅의 수호신이 있었다. 무스비는 사람과 시간을 잇고 흐르게 하는 힘을 지녔다. 그래서 무스비는 사람이며, 시간 그 자체이기도 하다. 사람과 시간은 서로를 잇고 풀어내며 또다시 이어가 새로운 인연을 만든다.

매듭을 풀고 끊는 것은 신의 영역일지 모르나, 적어도 이 매듭을 풀고 끊어냄에 관한 의지를 나누는 건 사람과 사람의 부단한 노력으로도 가능할 일일 것이다. 그렇게 맺어진 인연은 사람의 기억으로 다시 새로운 매듭이 된다.

소중한 사람,
잊으면 안 되는 사람,
잊고 싶지 않은 사람

여고생 미츠하는 아름답고 거대한 호수를 둘러싼 이토모리라는 마을에 살고 있다. 서점도, 치과도 없고 기차는 2시간에 한 번 오며, 일조시간도 짧은 이토모리를 벗어나 도쿄의 '꽃미남'처럼 살아가길 원한다. 반면, 미츠하가 꿈꾸는 번화한 도시 도쿄에서 아버지와 함께 살아가는 타키는 평범하지만 쿨한 성격의 고등학생이다. 타키는 미츠하가 다음 생에서 멋진 외모를 지닌 아이로 태어나고 싶어 하는, '꽃미남'이다.

동갑내기인 타키와 미츠하는 혜성이 지구로 떨어지기 전까지 서로의 몸을 바꾸곤 했다. 일주일에 두세 번씩 타키와 미츠하는 서로가 되었다. 원인을 알 수 없이 그저 잠을 자고 나면 타키는 미츠하가, 미츠하는 타키가 되어 있었다. 하지만 새롭게 눈을 뜨고 나면 서로를 뒤바꿨을 때의 기억은 희미해지곤 했다. 혜성이 지구로 날아든 것은 이토모리 마을 사람들이 축제를 준비하던 가을, 10월의 어느 날이었다. 혜성은 1,200년을 주기로 태양을 돌다 지구로 날아들었다. 가장 가까운 곳에서 지구의 하늘을 뒤덮으며 몽환적인 오로라처럼 빛을 발하는 광경을 사람들은 마치 행운을 받아들이는 듯 바라보았다.

핵을 가른 혜성이 마을로 떨어진 것은 오후 8시 42분이었다.

혜성은 거대한 낙석이 되어 아름답고 고요했던 이토모리 호수를 포근하게 감싼 마을에 달려들었다. 밤하늘과 어둑한 땅덩어리를 뒤흔드는 폭발음과 번쩍거리는 섬광이 순식간에 모든 것을 앗아갔다. 사람과 시간의 이어짐과 흐름은 한순간에 끊어졌다.

하지만 거기에 사람이 있었다. 몸을 뒤바꿔가며 좌충우돌 서로의 일상을 주고받았던 타키와 미츠하는 지나간 시간과 현재의 시간을 잊지 않았다. 서로에게 '소중한 사람, 잊으면 안 되는 사람, 잊고 싶지 않았던 사람'이 타키였고, 미츠하였다. 잊지 않았고, 잊지 않으려는 시간 안에서 오로지 함께 맺은 인연의 힘으로 소년과 소녀는 서로를 끈으로 다시 이어가며 기적처럼 또 다른 시간을 되살려냈다. 시간을 거슬러 오르든, 아니면 새로운 시간을 맞이하든 그것은 더는 중요하지 않았다. 이미 소년과 소녀는 몸을 뒤바꾸면서 서로를 기억하고 또 서로를 변하게 했다. 그리고 타키와 미츠하는 기어이 다시 만났다.

　무스비는 그렇게 기적을 만들어냈다. 신의 영역이라고 말할지 언정, 적어도 그 매듭을 풀고 끊어냄에 대한 의지를 타키와 미츠하가 저버리지 않은 힘이었다. 그것이 사람이고, 인연이고, 시간이었다.

기억하는 게 사랑하는 거예요,
기억하는 게 나를 살아 있게 하는 거예요

　사람들은 자신들의 힘으로 막을 수도, 방비할 수도 없는 엄청난 불행이 닥쳐오더라도 그 안에서 기어이 다시 만나고 이어갈 인연의 힘으로 서로를 일으켜 세우려 하기 마련이다. 그것이 사람이고, 인연이고, 시간이기 때문이다.

　미국의 저널리스트 레베카 솔닛은 1906년 샌프란시스코 대지진을 비롯해 1985년 멕시코시티 대지진, 2005년 뉴올리언스 홍수에 이르기까지 대재난에 처한 이들이 어떤 행동방식으로 서로를 도왔는지를《이 폐허를 응시하라》에서 정치·사회학적 관점에서 분석했다. 그는 그 혼란한 상황에서 꽃피운 사람과 공동체의 '연대와 이타주의'를 역설했다. "밤하늘에 갑자기 나타나는 별들이 아무리 아름다워도, 요즘은 별빛에 비추어 길을 찾는 사람은 거의 없다. 그러나 연대와 이타주의와 즉흥성의 별자리는 우리 대부분의 마음속에 숨어 있다가 이런 순간에 나타난다."[1]

정말 그럴 것이다, 정말 그랬으면 좋겠다.

아이들과 이별을 받아들일 수 없었던, 아니 왜 이별해야 하는지 근본적 원인을 알려 달라며, 대체 왜 아이들을 제대로 구할 수 없었는지 설명해달라며 곡기도 끊었던 부모들 옆에서 보란 듯이 피자를 우악스럽게 먹어대는 패륜의 세상이 아니었으면 좋겠다. 컴컴한 바닷속으로 빠져들어 가는 사람들의 절규를 무책임하게 방관한 시스템과 그 운용자들의 세상이 더는 아니었으면 좋겠다.

4월 30일에 태어난 수인이는 엄마와 아빠에게 보내는 시로써 사랑을 전했다. "우리 이제 모두 함께 따스한 / 숨결 모아 열아홉 개의 촛불을 불어요 / 마음속 소망의 별빛이 더 환히 빛나도록."* 4월 2일생 지혜는 "나는 프란체스카 / 낮은 곳을 위해 기도하는 별 / 그래서 언제까지나 사라지지 않는 별"* 이라 기원했고, 6월 10일 자신을 낳아준 엄마를 "나의 애인, 나의 사랑"*이라 부른 우진이는 "이제 우리는 보이지 않는 것을 보는 사이 / 그리운 것은 다 보이지 않는 곳에 있노라"* 오히려 위안의 말을 건네왔다.

이들이 전하는 기원과 위로는 지난 시간과 현재의 시간을 잊지 말아 달라고 말한다. 타키와 미츠하가 서로 맺은 인연의 매듭을 풀어내지 않고, 서로를 기억하며 다가가 기적을 이뤄낸 것처럼.

◆

이제, 어쩌면 별이 되었을지 모르는 아이들의 기원과 위로가 더는 아픔이 아닌, 새로운 기억과 인연 그래서 더 새로운 세상으로 나아가게 하는 힘이 될 수 있기를 바란다.

그래야 3월 9일 생일에 "기억하는 게 사랑하는 거예요 / 기억하는 게 나를 살아 있게 하는 거예요 / 그러면 나도 바람으로 다가가고 별빛으로 반짝이며 있을게요"라고 약속한 건계*와 함께 수인이와 지혜와 우진이'들'도 새로운 별빛이 되어 세상의 사람들을 매듭의 인연으로 이끌 것이다.

아직 별이 되기 전, 수인이와 지혜와 건계와 우진이'들'이 '세월'이라는 이름의 여객선과 함께 전남 진도 인근 맹골수도의 차디찬 바닷속으로 속절없이 빠져든 시간은 2014년 4월 16일, 오전 8시 48분이었다.

연관 검색 영화

언어의 정원(2013)

감독 | 신카이 마코토

길고 길었던 장마. 그래도 위로와 위안은 남았다

---

1 레베카 솔닛 지음, 《이 폐허를 응시하라》, 정해영 옮김, 펜타그램, 2012년

* 곽수인·권지혜·선우진·이건계 등 경기 안산 단원고 2학년생들의 '생일시'를 성미정·이원·이규리·도종환 등 시인들이 각각 "받아 적"은, '단원고 아이들의 시선으로 쓰인 육성 생일시 모음' 시집 《엄마. 나야.》(문학동네, 2015년)에서 발췌. 인용했음을 밝힌다.

애니메이션 〈너의 이름은.〉은?

일본의 주목받는 애니메이션 연출자
신카이 마코토의 2016년 작품.
거대한 혜성이 지구에 다가오는 가운데
시골 마을에 사는 미츠하와 도쿄의 소년 타키의
몸이 뒤바뀌며 벌어지는 이야기. 시골 마을이 한순간에
폐허가 되는 상황에 맞닥뜨린 타키와 미츠하가 기적처럼
서로를 찾아 나서는 내용으로, 많은 일본인이
2011년 동일본 대지진 등 대재난의 희생자를 위로하는
'진혼곡'과도 같은 작품으로 받아들였다.
2017년 367만 관객으로, 한국 개봉 역대
일본 애니메이션 최고 흥행작이 됐다.

나, 다니엘 블레이크

I, Daniel Blake

삶 으 로 , 죽 음 으 로
인 간 의 존 엄 성 을 '증 명'하 다

내 이름은 다니엘 블레이크다. 직업은 목수였다. 지난 40년 동
안 성실히 집을 짓고 무언가를 만들어냈다. 적어도 목재를 이용
해 책장이나 가구를 만들 줄 안다. 아이들을 위한 목재 모빌도 어
려움 없이 뚝딱 만든다. 이것저것, 집안의 부서지고 떨어지고 낡
은 것들은 내 손을 거쳐 새롭게 태어난다.

어느 날 아내가 병을 얻었다. 아내는 아주 특별한 사람으로, 똑
똑하고 유쾌하며 상냥했고 마음이 아주 넓어서 나를 늘 웃게 했
다. 하지만 "바람에 기대어 먼바다로 떠나고 싶다."라면서 이 세

상에 나만 덩그러니 남겨둔 채 떠났다. 나도 심장병을 앓고 있다. 일하다 심장마비로 추락사할 뻔한 위기까지 넘겼다. 그 위태로움이 언제 엄습해올지, 솔직히 좀 두렵다. 병은 기어이 내게서 일자리까지 앗아 갔다.

사람이 자존심을 잃으면
다 잃은 거죠

이제 실업자가 됐다. 질병으로 일자리를 잃어도 최저치의 삶을 이어갈 수 있도록 질병수당을 지급한다니 그나마 다행이다. 그런데 바로 그 이유 때문에 집 한 채 짓는 것보다 더 오래 걸리고 더 난해한, 그래서 결국 불가능해지고 말 일에 맞닥뜨리고야 말았다.

우선, 내 병세를 스스로 입증해야 한다. 하지만 의사도 간호사도 아닌, 의료전문가라는 고용지원센터 심사관은 내 질환에 아무런 관심을 보이지 않는다. 주치의가 분명 아직은 일을 해서는 안 된다고 진단했는데도 말이다. 결국 '질병수당 수령 부적격 판정 통보서'가 집으로 날아왔다. 이를 따지기 위해 상담 전화를 걸어보지만 돌아오는 것은 매뉴얼화한 안내음성과 허무하게만 들려오는 음악뿐이다. 1시간 48분 만에 이뤄진 통화에서 돌아온 답은 더 기다려보라는 말뿐이었다.

다시 찾아간 센터에서 직원은 내게 인터넷을 통해 부적격 판정 항고나 재심사 절차를 거쳐야 한다고 알려줬다. 하지만 나는 컴퓨터 근처에도 가본 적이 없다. 그래도 수당을 포기할 수는 없다. 컴퓨터 조작을 시도하고 또 시도해보지만 쉽지 않다. 몇 날 며칠을 허비하고 나니 진이 다 빠져 버렸다. 센터 직원들은 이번엔 왜 일할 수 있는데 구직 노력을 게을리하느냐는 투다. 분명히 내 주치의는 질환의 위태로움을 심각하게 경고했는데 말이다. 그런 몸을 이끌고 새로운 일자리를 찾아 나선다는 건 또 얼마나 위험하고 두려운 일인가.

아이 둘을 키우는 '싱글맘' 케이티 모건을 만난 것도 그곳, 센터에서였다. 특별한 직업을 찾지 못하는 케이티는 곤궁한 런던의 삶에서 벗어나고 싶어 했다. 케이티는 물이 새는 방에서 아이들을 키웠고, 그 탓에 아이는 병을 달고 살았다. 집주인에게 항의했다가 집에서 쫓겨나고 말았다. 이후 2년 동안 아이들의 학교에서 가까운 노숙자 쉼터에서 살았다. 비좁은 공간에서 아이들은 스트레스 탓에 산만해져 갔다. 결국, 케이티는 집세가 너무 비싼 런던을 떠나 내가 사는 뉴캐슬로 스며들었다. 새 삶의 터전을 마련했지만, 그에게 뉴캐슬은 여전히 낯선 곳이었다. 케이티는 길을 헤매다 생활지원금 신청을 위한 심사시간에 늦었다는 이유로 센터에서 쫓겨난다. 안쓰럽다. 케이티와 아이들을 데리고 식료품 지원소를 찾았다. 아이들을 챙겨 먹이기에도 버거운 케이티는 이미 너무도 배가 고팠다. 아이들의 눈치를 보며 남몰래 통조림의 뚜껑을 열어 내용물을 허겁지겁 먹다 설움에 겨운 눈물을 쏟는다.

인간의 생명보다 더
가치 있는 것이 있던가

세상은 자신의 질병 상태를 제대로 입증하지 못하는 한 인간에게 자존심마저 내려놓으라 요구했다. 수당을 받기는커녕 심장이 멈춰 언제 쓰러질지 모르는 위태로운 몸으로 얻지도 못할 일자리를 헛되이 찾아다니는 것은, 나는 물론 그런 환자와 상대하며 판에 박힌 관료적 매뉴얼과 탁상행정의 원칙만을 되뇔 수밖에 없는 센터 직원들의 시간까지 허비하는 일이다.

하지만 그때 돌아오는 건 모멸감이다. 세상은 살기 위해 발버둥 치는 한 인간에게 변변한 생리대조차 마련해주지 않는다. 케이티는 식료품 지원소에서 생리대를 찾았지만, 그것은 거기에 없었다. 몇 푼 남지 않은 생계비로 마트에서 아이들을 먹일 빵 몇 조각을 사면서 기어이 생리대를 훔치다 남성 보안요원에게 발각된 그에게 돌아온 것도 모멸감이었다.

케이티만이 아니다. 세상은 적지 않은 소녀들에게 운동화 깔창으로 생리대를 대신하게 한다. 그들이 겪어내야 하는 모멸감은 케이티의 그것과 무엇이 다른가. 모멸감은 그저 이들 모두가 개별적 빈곤한 인간으로서 감내해내야만 하는 것인가. 개별적 인간의 책임이 아니라면 세상은 무엇을 내어줄 수 있는가. 그런 세상에서 인간의 존엄성은 아무짝에도 쓸모가 없는 것인가.

그래서 개별적 인간 옆에 또 다른 개별적 인간이 서 있다는 건 그나마 다행이라고, 숱한 개별적 인간들은 위안 삼아야 하는지 모른다. 케이티는 소중한 노동으로 함께하는 세상의 따스함을 내게 안겨주었다. 컴퓨터 사용법을 알려준, 옆집의 가난하고 껄렁한 흑인 청년 파이퍼와는 이웃의 정을 나누기도 했다. 하지만 세상이 마땅히 채워줘야 할 것을 채우지 못하고, 메워줘야 할 것을 메우지 못할 때, 존엄한 존재로서 개별적 인간끼리 서로에게 다가가기란 언제까지고 가능한 일이 아니다. 세상사는 이미 수없이 이를 보란 듯 입증해왔다.

2019년 기준 '8,350원'이라는, "근로자의 인간다운 생활을 보장하기 위하여 국가가 최저기준을 정해 사용자에게 그 지급을 강제하는 임금"[1]의 액수도 그 입증일까. 편의점 점주와 알바생으로 상징되는, '을과 을'의 격렬한 대립 구도를 만들어냈으니 말이다. 이미 대자본에 떠밀려 공정하지 못한 계약의 구조로 알량해진 수익구조 탓이다. 정작 마땅히 채워주고, 메워줘야 할 세상은 방관할 뿐이니, '을들의 전쟁'은 개별적 인간의 존엄성 대신 갈등으로 세상을 떠받쳐 그 어긋난 구조만을 배불리는 것이 아닐까.

"의뢰인도, 고객도, 사용자도 아니다. 게으름뱅이도, 사기꾼도, 거지도, 도둑도 아니다. 묵묵히 책임을 다해 떳떳하게 살았다. 굽실대지 않았고, 이웃이 어려우면 그들을 도왔다. 자선을 구걸하거나 기대지도 않았"던 '나는', 다니엘 블레이크다.

그렇게 인간으로서 존중을 요구하는 "한 사람의 시민, 그 이상도 그 이하도" 아닌 '우리'는, 다니엘 블레이크다.

미안해요, 리키(2019)

감독 | 켄 로치
주연 | 크리스 히친, 데비 허니우드

"사는 게 이렇게 힘들 줄 몰랐"던 비인간적 현실

---

1 '최저임금', 〈실무노동용어사전〉, 중앙경제, 네이버 지식백과 재인용

영화 〈나, 다니엘 블레이크〉는?

영국 켄 로치 감독의 2016년 작품.
심장질환으로 일자리를 잃은 40년 경력의 목수 다니엘 블레이크와
싱글맘으로 어렵게 살아가는 케이티 모건의 이야기.
복지제도의 허점으로 지원을 제대로 받지 못한 채
빈곤한 일상을 살아가지만, 그래도 서로를
따뜻하게 바라보는 소시민들의 모습을 통해
세상의 구조적 모순을 비판한다. 켄 로치 감독에게
2006년 〈보리밭을 흔드는 바람〉에 이어 10년 만에
칸 국제영화제 황금종려상을 안긴 작품이다.

I, Daniel Blake

카트

당 신 의 고 통 이
나 의 것 이 될 수 도 있 음 을

"Si vales bene est, ego valeo!

(시 발레스 베네 에스트, 에고 발레오!)"[1]

냉면은 차가운 스테인리스 그릇에 담겨 내어져 왔다. 오이채
아래 둥근 타래 모양으로 자리를 잡은 면발과 살랑거리는 빨간
국물의 살얼음이 맛깔스러워 보였다. 3,500원짜리 '원조냉면'은
'매운' 맛과 '중간' 맛, '하얀' 맛의 세 종류였다. 중간 맛을 주문하
고 얼마 지나지 않아 한 그릇의 냉면이 탁자에 올려졌다. 젓가락

으로 면발을 풀어헤치며 식당 안을 둘러보았다. 영업 마감 시간을 30여 분 앞두고도 비좁은 식당 안엔 빈자리가 없었다. 평소 붐빌 때는 긴 줄이 선다고 했다. 식당에서 가장 비싼 음식은 '원조비빔냉면'으로 5,000원이다. 손님들의 탁자 위에는 매콤달콤 쫄깃한 냉면과 김밥이 함께 올려져 있었다.

사람들은 그리 엇비슷하게 차가운 음식을 먹으며 폭염이 잦아들지 않은 뜨거운 여름날의 한 저녁을 보내고 있었다. 식당 안 사람들의 일상은 모두들 안녕한 듯 보였다. 서로가 서로의 안부를 묻는 것처럼 냉면의 면발과 얼음이 입안에서 속삭이며 사각거렸다.

당신이 잘 있으면, 저도 잘 있습니다

"Si vales bene est, ego valeo! (당신이 잘 계신다면 잘 되었네요. 저는 잘 있습니다!)"[2] 옛 로마인들은 상대의 안부를 이렇게 물었다. 《라틴어 수업》의 저자 한동일 바티칸 대법원 변호사에 따르면 로마인들은 편지를 쓸 때 이런 인사말을 썼다고 한다. 로마인들은 또 "수신인이 편지를 받아 읽을 때에야 비로소 자신의 생각이 전해진다고 생각해서 그 때를 맞춰 시제를 작성"하고 "현재는 과거로, 과거는 과거완료로, 미래는 능동 미래분사로 표현"[3]했다. 타인과 상대방에 대한 배려의 마음에서였다. 때로 이 문장을 줄여 "Si vales bene, valeo!"로도 썼다. "당신이 잘 있으면, 나도 잘 있습니다."[4]

안부 인사는 그렇게 나보다는 타인을, 상대방을, 우리를 향한 것이어야 한다. 한동일 변호사는 "오랜 경기침체와 출구가 보이지 않는 실업률, 각박해지는 근로환경에 젊은이들은 연애와 결혼, 출산을 포기하고 불안한 미래 속에서 점점 여유를 잃어"가고, "중장년층 역시 크게 다르지 않"아서, "이 불의한 시대를 살아가는 최고의 방법처럼 회자되는 것은 각자도생"이라며 안타까움을 드러낸다. 그리고 "함께cum와 더불어cum의 가치"를 강조했다.[5] 하지만 그 가치를 잊지 않는다는 것은 얼마나 어려운 일인가. 세상은 이미 그것을 저버린 갖은 작태로 또 얼마나 위태로운가.

대형마트의 대리이자 정규직 사원인 동준은 이제야 확연히 보이는 그 위태로운 세상 앞에서야 비로소 '내 문제'가 타인, 상대방, 우리의 것이기도 하다는 사실을 깨달았다. 아니, 진즉 알고 있었지만 내 문제로 닥치기 전까지는 나서지 못했다. 이미 비정규직들은 하루아침에 달랑 문자메시지 한 통으로 해고를 통보받았다. 이들이 무언가를 잘못해 회사에 해를 끼친 것도 아니었다. 그저 임신했다는 이유로 잘린 경험을 지닌 채 변변한 육아 지원조차 제대로 받을 수 없는 싱글맘이거나, 대학을 졸업하고 면접만 50번 넘게 봤지만 취업에 실패하고 별의별 아르바이트를 다 한 청춘이거나, 20년 넘도록 '청소밥'으로 생계를 이어온 노년이거나, 아이의 스쿨뱅킹 계좌에 급식비를 제때 입금하는 것을 잊을 만큼 먹고 살기 바쁜 두 아이의 엄마이거나…. 회사와 경영자 또는 관리자들의 눈에는 고작 반찬값 정도로만 보일 생활비의 절박함을 위해 일한, 그들 존재 자체가 죄였다.

회사는 비정규직을 용역으로, 정규직을 연봉계약직으로 각각 전환해 마트를 매각하려는 계획을 세웠다. 해고가 기업 매각의 한 '코스'처럼 여겨지는 현실. 근로계약 기간을 명시하지 않았다는 이유로 일방적으로 계약을 해지해 사실상 해고할 수 있고, 그 억울함을 호소하며 요구하는 대화는 또 얼마든지 묵살당할 수 있는 구조. 그런 부당한 현실과 구조의 벽을 깨뜨리기란 정말 불가능한 것인가.

모두가 안녕한 세상.
낙숫물이 바위를 뚫는 가능성

그 높디높아 보이는 장벽 앞에서 무언가 거창한 것을 바라는 것도 아니다. "우리가 바라는 건! 우리가 바라는 건! 우리가 바라는 건! 이렇게 외치는 우리를 봐달라는, 우리의 얘기를 들어달라는 것!"이었을 뿐이다. 몇 푼 되지도 않는 아르바이트의 대가마저 떼어먹으려는 편의점 점주 때문에 아직 어린 아들이 더는 억울해하지 않아도 되는 그런 세상이 되어 달라고 외쳤을 뿐이다. 폭력적인 용역 깡패와 부정한 경영자들과 불공정한 공권력을 향해서가 아닌, 그저 '사람대접'을 해달라고 세상을 향해 절규했을 뿐이다.

사람이 사람에게 온전한 대접을 해주는 세상. 사람이 사람으로부터 온전한 대접을 받는 세상. 사람 사이에 오가는 안부는 그제야 제대로 된 인사가 될 것이다. "Si vales bene, valeo!"라는 옛 로마인들의 안부 인사가 품은 의미가 가볍지 않은 이유다.

그대가 평안해야 나도 안녕하다는 의미처럼, 한 방울의 '낙숫물'이 되어 살고자 했던 한 정치인이 세상을 떠났다. 가난해서 갖지 못한 자, 힘이 없어서 쥐지 못한 자, 세상이 외면해서 밀려나고 소외된 자들의 외침과 절규를 들으며 부당한 현실과 구조의 장벽을 무너뜨리고 싶었던 그는 7년 동안 국회에서 대표 발의한

119건을 포함해 모두 945건의 법률안을 냈다. 그 가운데 호주제 폐지를 핵심으로 한 민법 개정안, 장애인 차별 금지법 등이 시행 중이고, 정리해고 제한법 등은 국회에 계류 중이다.[6]

◆

그는 한때 자신의 지역구였던 서울시 노원구 상계동의 오래된 식당에서 3,500원짜리 '원조냉면'을 즐겨 먹었다. 그 입맛을 따라가 본 것은 그가 스스로 생을 마감한 지 닷새 만에 경기도의 한 공원묘원에서 영면에 들어간 2018년 7월 27일이었다. 대형마트 홈플러스 스토어즈의 무기계약직 사원들이 정규직으로 전환된다는 소식이 전해진 다음 날이기도 했다. 이들이 한때 '사람대접'을 절규하며 입었던 조끼에 새겨놓았던 '낙숫물이 바위를 뚫는다'라는 말이 결코 과장이 아니었음을 아주 뒤늦게야 안타까움 속에 확인했다.

이를 시리게 하는, 채 녹지 않은 냉면의 살얼음이 더운 기운을 조금씩 식혀주었다. 냉면이 남긴 매콤달콤한 뒷맛도 오래도록 입 안을 맴돌았다.

"Si vales bene, valeo!"

연관 검색 영화

빵과 장미(2000)

감독 | 켄 로치
주연 | 필라 파딜라, 애드리언 브로디

"우린 삶의 모든 아름다운 것을 원한다!" 다만, 아름다움은 현실에 없다

1, 2, 3, 4, 5 한동일 지음, 《라틴어 수업》, 흐름출판, 2017년
6 〈노회찬과 함께한 '처음들'…그가 국회에 남긴 유산〉, 한겨레, 2018년 7월 24일

영화 〈카트〉는?

대형마트에서 일하는 비정규직 사원들이
사측의 일방적인 계약 해지로 대량 해고 위기에 처한 뒤
그 부당함에 맞서는 이야기. 생계를 책임진 여성들의
투쟁기가 상업영화의 틀 안에서 짙은 공감을 자아낸다.
2018년 7월 말 그 실제 모델이 된
홈플러스 스토어즈의 무기계약직 직원들이
정규직으로 전환되면서 영화는 다시 한번 회자됐다.
부지영 감독의 2014년 개봉작으로, 염정아를 비롯해
문정희, 김영애, 천우희 등이 출연했다.

내일을 위한 시간

오래된 현실, 오래될 미래

    스웨덴의 언어학자이면서 생태환경운동가인 헬레나 노르베리 호지Helena Norberg-Hodge 박사는 1970년대 중반 인도 북부의 마을 라다크를 처음 찾은 뒤 그곳에 오래 머물렀다. 그는 라다크Ladakh와 마을 사람들의 아름다운 공동체를 기억했다. 하지만 라다크는 흐르는 시간과 함께 서서히 파괴되어 갔다. 무분별한 개발이 따스한 공동체의 삶을 무너뜨렸고, 본래 마을의 원형을 앗아갔다.

    박사는 그 과정을 목격하고《오래된 미래, 라다크로부터 배운다》를 펴냈다. 라다크를 통해 환경과 사람들의 공동체를 회복하기 위한, 지난하지만 그렇기에 더욱 세상에 필요한 가능성을 모색하며 바로 그 속에 다가올 미래가 있음을 내다봤다. '오래된 미래'는 그렇게 희망인 걸까. 김승섭 고려대 보건정책관리학부 교수는 현실의 한 아픔을 드러내며《오래된 미래》를 인용했다.

쉽게 흔들리고 부서지는
삶의 디딤돌

2009년 1월 쌍용자동차는 법정관리 신청 뒤 4월에 2,646명의 직원을 '구조조정'하려는 계획을 내났다. 노조는 5월 파업에 돌입했다. 공장은 '폐쇄'됐고, 사측은 6월 976명의 노동자를 정리해고했다. 8월 5일 공권력은 헬리콥터까지 동원하며 군사작전을 방불케 하는 물리력으로 노동자들을 작업장 밖으로 밀어냈다. 언론은 2009년 경기지방경찰청 자료를 인용해 이렇게 밝혔다. "쌍용차 파업 노동자들에게 뿌려진 최루액이 2,042L로, 그해 총사용량의 95.5%에 달한다."[1] 공장 밖 노동자 가족들은 남편과 아빠와 형제와 이웃이 쓰러져간 참혹하고 처절한 현장을 목격하고 말았다.

　노동자들의 생존과 삶의 뿌리가 흔들렸다. 숱한 이들이 극심한 우울감에 시달렸다. 2009년 이후 30명의 쌍용차 노동자와 그 가족 중 누군가가 스스로 목숨을 끊거나, 지병으로 세상을 떠났다. 사람들은 서울 덕수궁 대한문 옆에서 이들의 서러움을 조금이나마 달래보려 했다. 그러나 단지 '일각'만의 것이 아니었던 따가운 시선은 그마저도 쉽게 허락하지 않았고, 그로 인한 아픔은 해고자의 배우자를 비롯한 적지 않은 가족까지 괴롭혔다. 사람들은 이들을 바라보며 수군거렸다. 한때 소소한 정을 나누던 이웃들은 이들에게 더는 가까이 다가오지 않았다. 심지어 아이들은 학교에서조차 또래의 따갑고 차가운 시선을 견뎌야 했다. 정리해고자와 그 가족이라는 '낙인' 때문이었다.

국가인권위원회와 쌍용차 해고노동자 심리치유센터 '와락'은 2018년 4월부터 두 달 동안 그 아픔의 깊이와 크기가 얼마나 깊고 큰 것인지를 조사해 측정한 '2018년 쌍용차 가족의 건강상태'를 발표했다. 해고노동자 89명과 복직자 34명, 해고자의 배우자 28명, 복직자의 배우자 38명을 대상으로 한 조사였다. 결과는 참담했다. 해고노동자의 배우자 70.8%가 "해고 때문에 세상으로부터 소외감을 느낀다."라고 답했다. 또 이들의 54.6%, 복직자 아내의 62.5%가 "남편이 정리해고자라는 이유로 차별을 겪었다."라고 밝혔다. 차별은 직장과 동네, 학교 등 터를 잡고 살아가는 일상적 공간에서 벌어졌다고 이들은 말했다.

결국, 해고자의 배우자 82.6%와 복직자의 배우자 49.4%가 "지난 1주일간 우울 증상을 겪었다."(해고자 배우자의 경우 2017년 한국복지패널의 조사에 참여한 일반 인구보다 8.27배나 높은 수치다)라면서 기어이 "지난 1년간 진지하게 자살을 생각해본 적 있다."라는 상상하기 어려운 상황(전체 응답 배우자의 32.2%)에까지 이른 아픔을 털어놓았다(2013년~15년 국민건강영양조사에 참여한 일반 여성이 자살을 생각한 비율(5.7%)보다 8배나 높다).[2] 해고노동자들은 이미 파업 당시 자신의 주변 동료들 가운데 일부와 부딪친 경험을 겪기도 했다.

그럼에도, 오래된 미래에서 '내일'을 예비해야 하는 이유

이들을 차갑고 따가운 시선으로 바라본 동료와 이웃은 '그들만의 사정'이 있었기 때문이었을까. 적어도 우울증에 시달려 휴직했다가 일터로 돌아가려는 산드라의 동료들은 그랬다. 식당의 요리사로 일하는 남편과 함께 두 아이를 키우며 대출금을 갚아야 하는 산드라는 어느 토요일과 일요일, 주말의 이틀 동안 '그들만의 사정'을 확인해야 했다.

산드라는 앞서 금요일 오후 자신이 해고의 위기에 맞닥뜨렸음을 알았다. 경영상 어려움에 처한 회사는 산드라를 해고하는 대신 그 인건비로 그의 동료들에게 고액의 보너스를 주겠다고 약속했다. 회사의 중간 간부들은 동료들에게 보너스를 선택하지 않으면 또 다른 누군가가 대신 해고될 수 있음을 경고했다. 산드라는 과정의 부당함을 역설한 끝에 결국 자신에 대한 해고와 그 대가로 주어질 보너스 가운데 하나를 동료들이 선택해야 하는 상황을 맞는다. 월요일 아침 투표였다. 그래서 산드라에게 주말의 이틀은 재투표를 위한, 아니 자신의 사회적 생존을 위한 처절한 준비의 시간이 됐다.

산드라 만큼이나 16명의 동료에게는 제각각 '그들만의 사정'이 있었다. 적지 않은 액수의 보너스를 포기할 수 없어 동료의 해고라는 아픔을 받아들일 수밖에 없는 절박한 사정 말이다. 산드라가 이들에게 선택을 강요할 수 없는 까닭이다. 자, 당신이라면 어떤 선택을 할 것인가.

선택이 끝나고 회사는 산드라에게 대안을 제시한다. 또 다른 선택의 기로에 놓이지만, 산드라는 오히려 단호하다. 단호함은 아마도 자신이 맞닥뜨린 절박했던 주말 이틀 동안, 그만큼 절박한 동료들이 있었기에 갖게 됐을 것이다. 그래서 그는 "우리 잘 싸웠지? 나 행복해."라며 비로소 덤덤한 미소를 지을 수 있었다. 어쩌면 '오래된 미래' 역시 산드라와 그 동료들 속에 이미 존재하고 있었던 것일지 모른다.

◆

쌍용차 노동자들과 그 배우자들을 심층 인터뷰했던 김승섭 교수는 이렇게 말했다. "고용불안과 정리해고는 한국 사회에 상수처럼 남을 가능성이 높다. 그동안 쌍용차 해고자와 가족이 겪은 고통은 우리 모두 어느 시점에는 (그것에) 노출될 수 있는, 겪게 될수 있는, 우리의 오래된 미래일 수 있다."[3]

'오래된 미래' 안에서 '내일을 위한 시간'을 예비해야 하는 현실. "나 행복해."라고 말할 수 없는 '오래된 현재'일 수 있지만, 그로부터 한 걸음 나아갈 수 있게 하는 공동체를 꿈꾸는 건 또 그렇게 절박한 일이 된다.

언노운 걸(2016)

감독 | 장 피에르·뤽 다르덴
주연 | 아델 하에넬

잔인한 현실은 늘 누군가에게 자책감을 안겨주어야 하는가

---

1 〈'해고자 딸'로 지낸 9년, 아빠가 미웠다〉, 경향신문, 2018년 10월 13일
2 〈쌍용차 해고자 배우자 83% 아직도 우울…삶 포기할 생각도〉, 연합뉴스, 2018년 9월 6일
3 〈"여전히 잠을 못 자요"…해고 9년 아물지 않은 상처〉, YTN, 2018년 9월 24일

영화 〈내일을 위한 시간〉은?

2010년 〈더 차일드〉로 칸 국제영화제 황금종려상 수상 등
세계적 명성을 지닌 장 피에르뤽 다르덴 형제 감독의 2014년 작품.
작은 공장에 다니던 산드라가 우울증으로 인해 휴직했다
복직하려 하지만 오히려 해고의 위기에 처하면서
동료들과 겪는 주말 이틀 동안의 이야기를 그렸다.
산드라의 해고와 보너스 사이에서 선택을 강요당하는
동료들의 모습, 그 절박한 일상이 현실적인 낯익음을 안긴다.
그해 전미비평가협회와 뉴욕비평가협회로부터
여우주연상을 받은 마리옹 꼬띠아르의 연기 덕분이다.

"

겨울에 심은 양파는 봄에 심은 양파보다

몇 배나 달고 단단하다.

"

〈리틀 포레스트〉 중에서

Scene
2

청춘이 꾸는 꿈에
더 마음이 쓰이는 이유

리틀 포레스트

솔 플레이스에서 먹는
솔 푸드의 힘

기상청에 따르면 제19호 태풍 솔릭은 2018년 8월 25일 새벽 3시 독도 북북동쪽 약 480킬로미터 부근 해상을 통과하며 온대 저기압으로 변질되어 생명을 다했다. 그해 8월 16일 오전 괌 주변 해상에서 발생해 북상한 솔릭은 2010년 한반도를 관통하며 큰 피해를 안겼던 제7호 태풍 곤파스의 '위력'을 우려하게 했다. 곤파스는 당시 5명의 사망 및 실종자, 112명의 이재민, 1,670억 원의 재산 피해 등 손해를 안길 만큼 강력했다. 솔릭은 제주 등 일부 남부지방에 안타까운 상처를 남겼지만, 당초 우려했던 재해의 상황

만큼은 아니었다.

젊음이 취약계층이 된 시대를 사는
청춘의 이야기

태풍이 지나간 2018년은 111년 만에 최악의 폭염이 몰아닥친 해로 기록됐다. 폭염의 피해도 온열질환 관련 집계가 시작된 2012년 이후 가장 컸다. 2018년 8월 12일자 한겨레는 "9일까지 질병관리본부가 접수한 온열질환 사망자는 45명이며, 온열질환으로 응급실을 찾은 환자도 3,644명이었다."[1]라고 밝혔다.

이제 폭염은 '사회적 재난'으로 인식되고 있다. 노인을 비롯한 저소득층 등 취약계층의 피해가 크다는 점에서 더욱 그렇다. 미국의 사회학자 에릭 클라이넨버그Eric Klinenberg는 저서 《폭염사회》에서 1995년 여름 섭씨 40도가 넘는 살인적인 더위 속에서 700여 명이 숨진 시카고의 상황을 전한다. 그는 노인, 빈곤층, 고립된 사람 등 사회에서 소외된 이들이 그 희생자였다고 밝히면서, "부분적으로 새롭게 나타난 고립과 민영화, 극단적인 사회적·경제적 불평등, 현대도시 여기저기에 퍼져 있는 부와 가난이 집중된 구역 등이 취약한 주민에게 사계절 내내 위험을 초래"한다고 분석했다.[2] "주로 저소득층이 많은 의료급여 1·2종 수급권자 가운데 온열환자가 많고, 홀몸노인이 많거나 고령인구 비중이 높은 지역에서 온열질환자가 많이 발생했다."[3]는 우리의 상황도 에릭 클라이넨버그의 분석에서 크게 벗어나 있지 않은 듯 보인다.

그 같은 위험에 노출된 또 다른 '취약계층' 가운데 이 시대 청춘이 있다고 말한다면 지나친 억측일까. 'N포세대' '헬조선' '금수저와 흙수저' 등 신조어가 대변하는 청춘의 현실을 실업률 등 경제적 수치로만 표현하는 것은 이제 의미가 없어 보인다. 부모의 능력에 따라 이미 제각각 사회적 기회가 정해진 듯 보이는 현실. '계층이동 사다리'를 잃은 수많은 청춘은 뜨거운 햇볕을 받는 노점의 천막 아래서 컵밥 속 팍팍한 밥을 목 안으로 욱여넣을 뿐이다.

푸드칼럼니스트 김유진은 '공시생'들의 바빠 보이는 발걸음이 수두룩한 서울 노량진의 거리에 바로 그 컵밥의 서글픔이 있다고 말했다. 그는 "새하얀 스티로폼 그릇에 밥을 담고 햄, 소시지, 볶은 김치에 프라이" 또는 "제육을 올리기도 하고, 마요네즈에 버무린 김치를 담아" 준다고 컵밥을 설명했다. 이어 컵밥을 들고 "모두 고개를 숙인 채 밥만 쳐다보다가 아주 가끔 고개를 돌려 밖을 응시"하는, 팍팍한 밥알을 목 안으로 욱여넣으며 "내내 단 한 명도 웃지 않는" 청춘을 보았다. 이들이 웃지 않는 것은 "어깨에 메고 있는 무거운 가방 탓이었는지도 모르겠다."지만, 실상은 "불확

실한 미래" 때문일 것이라고 김유진은 말했다.[4]

그만큼 이 시대 청춘의 허기는 쉽게 달래지는 것이 아닐지 모른다. 비어버린 속을 빠른 시간에 채워줄 청춘의 값싼 한 끼 식사는 또다시 서글퍼진다. 임용고시에서 탈락한 혜원이 고향을 찾아 내려온 뒤 끓여 먹는 봄동 된장국은 그래서, 청춘의 서글픔을 위로하는 단 한 그릇의 끼니가 된다.

밥 한 끼가 주는 온기를
삶의 연료 삼아

혜원은 아르바이트로 등록금을 마련해야 했던 대학 시절을 지나 임용고시 준비로 고단했던 도시의 번잡함에서 쫓겨나듯 밀려나 고향 집에 내려왔다. 물론, 서울살이의 고단함이 임용고시에만 있던 것은 아니다. 혜원은 고향 집에 들어오자마자 부엌을 뒤져보고 된장국을 끓였다. 꽁꽁 얼어붙은 텃밭에서 캐낸 봄동의 밑뿌리를 잘라내 된장을 풀어 넣은 국물과 함께 끓여내고, 그 위에 역시 텃밭에서 언 파를 찾아 어슷하게 썰어 넣었을 뿐인데도 제법 그만인 국에 쌀밥을 말아 허기를 달랬다.

왜 내려왔냐는 고향 단짝 친구의 질문에 배고파서라고 답한 혜원의 말은 거짓도, 엄살도 아니었다. 이를 지켜보는 이들에게 그대로 전해지는 된장국 한 그릇의 구수한 향취는 이미 고단하고 추운 기운을 녹여낼 만한 따스함을 품고 있었다. 엄마는 자신의 새로운 인생을 찾아 나섰고, 잠시 머물고자 했던 고향 집은 어느새 혜원에게는 또다시 새로운 터전이 될 모양이다. 봄, 여름, 가을, 겨울의 변화하는 일 년의 계절을 온전히 함께하며 고향 마을의 너르고 아름다운 들길을 자전거로 누비는 그의 얼굴에 비로소 생기가 돈다.

혜원에게 생기를 되찾아준 한 그릇의 된장국처럼 한 끼 한 끼의 식사가 모두 그랬다. 그 속에는 한 잎 한 잎 배추의 잎을 떨어내 그 위에 밀가루 옷을 입히고 기름에 지져내는 배추전도 있다. 부침 옷은 살짝살짝 지져낸 만큼 바삭거리고, 배춧잎은 따스하게 사각거리며 입맛을 다시게 한다. 혜원의 친구라면 그가 손수 걸러낸 막걸리에 이 맛깔스러워 보이는 배추전 한 잎 오물거릴 수 있을 텐데.

상상의 바람은 혜원이, 또 수많은 청춘이 한 끼 식사의 따스함을 맛보며 스스로를 찾아 나가기를 고대한다. 혜원이 사계절의 변화처럼 자신을 익혀가며 튀기고, 버무리고, 지지고, 끓이고, 삭혀내듯 말이다. 가장 현실적인 세상살이의 중요한 방편으로써 한 끼 식사가 여전히 소중한 또 다른 이유가 여기에 있다. TV를 켜면이 채널 저 채널 사이로 넘쳐나는 이른바 '먹방' 속 음식들이 결코 먹음직스럽게만 보이지 않는 이유이기도 하다.

혜원의 배추전과는 다르면서도 또 그만큼 한 줄기 따스함의 먹거리로 화전花煎을 떠올린 이는 작가 권여선이다. "산에 진달래가 필 텐데 말예요. 그 꽃 따 화전을 만들어 당신께 드리고 싶어요…. 당신께 드리고 싶어요, 당신께 드리고 싶어요, 당신께, 당신께, 싶어요, 싶어요, 싶어요, 싶어요…."5

．

신분과 계급의 경계가 엄연했던 세상을 벗어나 비극적인 사랑에 빠져든 여인은 박경리의 소설《토지》의 주인공 최서희의 어머니 별당아씨였다. 별당아씨는 자신의 집에 머슴으로 스며든 환이와 지리산 골짜기로 도망갔다. 그곳에서 숨을 거둔 여인은 위험한 세상에 홀로 남겨질 사랑하는 이의 환상 속에서 화전을 말했다. 여인은 왜 봄꽃으로 피어난 진달래의 붉은 빛으로 사랑하는 이에게 부침을 만들어 먹이고 싶었던 것일까. 권여선은 바로 그 화전을, "연인이 보내온 엽서처럼 오래도록 보존해야 하는 이미지"6라고 말했다.

모름지기, 음식이란 그런 것이다.

연관 검색 영화

남극의 셰프(2010)

감독 | 오키타 슈이치
주연 | 사카이 마사토, 코라 켄고

해발 3,810미터, 평균기온 영하 54도 극한의 외로움
함께 나누는 한 접시의 따스함

독전(2018)

감독 | 이해영
주연 | 류준열, 조진웅

강렬한 캐릭터와 캐릭터의 충돌. 류준열의 진면목!

---

1 〈폭염에 아프거나 숨진 취약계층은 얼마나 될까요?〉, 한겨레, 2018년 8월 12일
2 에릭 클라이넨버그 지음, 《폭염사회: 폭염은 사회를 어떻게 바꿨나》, 홍경탁 옮김, 글항아리, 2018년
3 〈폭염에 아프거나 숨진 취약계층은 얼마나 될까요?〉, 한겨레, 2018년 8월 12일
4 김유진, 〈고달픈 청춘들의 자화상 '컵밥 공화국'〉, 시사저널 1444호, 2017년 6월 23일
5 박경리 지음, 《토지》, 나남, 2002년
6 권여선 지음, 《오늘 뭐 먹지?》, 한겨레출판사, 2018년

영화 〈리틀 포레스트〉는?

2017년 1월 개봉해 관객의 지지를 얻은
임순례 감독의 연출작. 동명의 일본만화를 원작 삼았다.
고단한 현실에 놓인 청춘은 음식을 매개로
서로에게 치유와 위안의 손길을 내밀며 성장해간다.
김태리와 류준열, 진기주가 주연해 아름다운 사계절 풍광의
변화를 고스란히 담아내는 한편, 극 중 혜원 역의 김태리가
빚어내는 다양한 요리와 음식으로 맛깔스러움을 더한다.

바보들의 행진

청춘의 '고래'는 어디에?

  입대 신검에서 '병종 불합격'한 영철은 눈앞에 바다를 둔 가파른 절벽 위에 섰다. 영철은 자전거를 타고 고속도로와 시골길을 내달리고, 개울물에 넘어지기도 하면서 한참을 달려온 참이다. 시리도록 눈부시게 푸른 동해의 물결을 바라보는 영철의 표정은 벅차면서도 처연하다. 이내 자전거 핸들 브레이크에서 손을 떼어 바다로 나아간다.

  입대 신검에서 '갑종 합격'한 병태는 입영 열차에 오른다. 열차는 바퀴를 천천히 굴리기 시작한다. 병태를 떠난 듯했던 영자가 달려온다. 영자는 병태에게 창밖으로 고개를 내밀라 하더니 연방 뛰어오른다. 보다 못한 헌병이 영자의 몸을 들어 열차 창에 가깝게 올려준다.

병태와 영철은 그렇게 자신들의 청춘을 떠나보냈다. '가을 잎 찬바람에 흩어져 날리면 캠퍼스 잔디 위엔 또 다시 황금물결'[1]이 일렁이는, 오래전 을씨년스러운 어느 날이었다.

시대가 만든 '괴질', 그저 과거의 유산일까

대학은 문을 닫았다. 교수회의 결정에 따른 휴교령이었다. 동해로 떠나기 전 영철은 함께 가자는 병태를 말렸다. 병태는 학교로 돌아와 황량한 캠퍼스를 맞닥뜨렸다. 전날 "한국적 스트리킹이다"라고 외치면서 교정을 뛰쳐나갔던 이들이었다.

스트리킹! 1973년 초 미국에서 일기 시작한 알몸 질주의 일탈적 해프닝, 퍼포먼스, 저항이랄까. 이듬해 봄, 서울 안암동에서도 두 청년이 알몸으로 거리를 내달렸다. 이후로도 질주하는 알몸들이 속출했다. 장발 일제 단속도 실시됐다. 고려대 권보드래 교수에 따르면 "안암동 스트리커를 체포하기 위해 전담 수사반까지

편성됐고, 스트리킹 유행 때문[2]에 장발 단속령이 내려졌다는 소문도 나돌았다.

병태와 영철은 옷을 입은 채 캠퍼스를 뛰어 돌았으나 그만 장발 단속에 걸리고 말았다. 첫 미팅에 가는 길이었다. 개구쟁이 같은 웃음으로 단속을 피해 도망쳤지만 결국 파출소로 끌려갔다. 병태가 물었다.

"우리 머리 가지고 왜들 그럴까?"

"혐오감을 준대. 그래서 깎아야 한대."라고 영철이 답했다. 단속 경찰관은 "너희들은 괴질이야!"라고 말했다.

"괴질!" 어째서 병태와 영철은 '원인을 알 수 없는 이상한 병균'이 되고 말았을까. 병태는 그저 돈이 없어 "다섯 달 만에 찾은 시계를 하루도 제대로 못 차보고" 외상물건으로 잡혀 생맥주 몇 잔 마신 게 죄라면 죄의 전부다. 영철은 신문팔이 소년에게 500원의 '거금'을 내주며 거스름돈을 바꿔오는지, 달아나는지를 친구들과 내기한 뒤 한 시간이 지나 돌아온 소년을 바라보며 "오늘날 우리나라에서 필요한 건 서로가 서로를 믿는 믿음"이라는 걸 확인했을 뿐이다.

하지만 이마저도 "영웅도 구제할 수 없는 절망의 시기, 몇몇 마음이 맞는 친구들끼리 술집을 전전하고 수다를 떨고 푸념을 늘어놓으면서 쥐죽은 듯 잘 지내며, 사소한 승패에 열중할 때의 흥겨움, 편을 나누고 역할을 교대하는 도취감, 내기를 해놓고 기다릴 때의 설렘으로만 존재하는 대상으로서 공허한, 절대로 오지 않을 꿈, 일장춘몽"[3]이었을까.

생맥주와 청바지와 미니스커트(여성의 치맛단이 무릎 위 몇 센티까지인지를 자로 재어 일정 길이가 넘으면 단속하는 코미디 같은 풍경!)와 장발은 그렇게 "퇴폐풍조"의 상징이 된 지 오래였던 때였다. 개인과, 일상과, 소박한 꿈과, 어쩌면 허약했을 몽상마저도 관리와 통제와 단속의 대상이 됐던 시대였다. "자유방임적" 사고와 꿈마저도 제대로 꾸면 안 되는 시대였다.

그건 무릇 "괴질"의 강력한 전염성으로 퍼져 나가 끝내 관리와 통제와 단속의 체제를 무너뜨릴 수도 있는 위험성을 지닌 것이라고 관리와 통제와 단속의 힘을 가진 자들이 확신하던 시대였다. 확신은 대학의 문을 닫도록 강제했다.

영원한 청춘의 상징,
영철과 병태

관리와 통제와 단속의 폭압적 시대는 유신헌법과 일련의 긴급조치를 수단 삼았다. 폭압의 체제는 그러나 한국적 민주주의를 '위선'했다. 그러니 병태는 이렇게 말할 수밖에 없었을 것이다. "이 세상 모든 것은 가짜 아닌 게 없다." 그래서 청춘은 적어도 '위악'하지 않았다. 불의에 맞서지 못하는 자신을 부끄러워했을 뿐이다. 사제이자 시인인 호인수는 일찍이 고백했다.

> "나를 무슨 반역죄인처럼 / 눈 부릅뜨고 잡으려 하지 마세요 / 부끄러움도 죄가 되는 시절이라면 / 단번에 삭발해도 그만이지만 / 핏기 잃은 이마와 / 앞이 안 보이는 눈과 / 친구의 울음소리마저 들을 수 없는 귀가 부끄러워 / 가리고 다니는 것뿐이에요.(후략)"[4]

  병태와 영철도, 내 힘으로 할 줄 아는 것은 아무 것도 없는 "쪼다, 바보"였다. "참 시시한 대학생"이었다. 거스름돈을 들고 온 신문팔이 소년이 자신들보다 "100배 낫다"라고 말한 영철의 말은 거짓이 아니었다. 결국, 병태와 영철은 "군대나 가고 싶어. 군대!"라고 말하기에 이른다. 시대에 맞서지 못해 탈출구 삼은 군대는 그렇게 안식처가 되었을까.
  어쨌든 병태는 열차 창을 사이에 두고 영자와 나눈 입맞춤을 뒤로 한 채 군대에 갔다. 영철은 "동해에는 예쁜 고래 한 마리"가 살고 있어 "그걸 잡으러 갈 거야"라며 바다로 나아갔다. "그렇지 않고선 오늘의 날 지탱할 수가 없어서" "용기를 보여주겠다"라며 말이다.

과연 영철은 "예쁜 고래 한 마리"를 잡았을까. 아니, 동해의 깊고 시린 물속에 정말 예쁜 고래 한 마리가 살고 있기는 할까. 한 마리 고래가 이미 "내 마음에 있기도" 하다고 말해놓고서, 왜 영철은 동해로 나아갔을까.

＊

꿈을 꾸었기 때문이다. "곧 우리들의 꿈은 이뤄질 거"라고 믿었기 때문이다. 숱한 병태들과 영철들의 꿈은 이뤄졌을까. 안타깝게도 병태가 '곧'이라 믿었던 시간은 무력해서, 현실은 아니라고 말한다.

수많은 병태'들'과 영철'들'이 고달픈 현실 속을 여전히 헤매고 있음을 도처에서 목격하는 시대. 이제 개인과, 일상과, 소박한 꿈과, 몽상을 자유방임할 수 있게 됐는지는 모르지만 '헬조선'과 'N포세대' '이생망' '금수저와 흙수저' 등 신조어 속에서 이 시대 병태'들'과 영철'들'의 신음이 들리는 것은 어째서일까. 정말 청춘의 '고래'는 어디 있을까.

대체 살아 있기는 한 것일까.

연관 검색 영화

칠수와 만수 (1988)

감독 | 박광수
주연 | 안성기, 박중훈

비루한 청춘, 그들의 꿈은 어떻게 허망해지는가

바람불어 좋은 날 (1980)

감독 | 이장호
주연 | 안성기, 유지인, 이영호, 김성찬

바람에 흔들리는 갈대, 그대 이름은 청춘

---

1 〈날이 갈수록〉, 김상배 작사·작곡, 송창식 노래, 영화 〈바보들의 행진〉 삽입곡, 1975년
2 권보드래, 〈스트리킹, 1974년 봄의 주변부 남성〉, 경향신문, 2013년 10월 11일
3 김곡, 〈우리 시대 진짜 영웅은 누굴까〉, 씨네21, 2014년 9월 5일
4 호인수, 시 〈장발〉, 시집 《목련이 질 때》, 분도출판사, 2016년

영화 〈바보들의 행진〉은?

1979년 38세로 요절한 하길종 감독의 대표작이다.
1975년 5월 개봉해 15만 관객(서울 기준)을 동원하며 흥행했다.
엄혹했던 1970년대, 절망에 빠진 청춘의 초상을 사실적으로
그렸다. 카메라를 들고 대상을 따라가는 핸드헬드 기법과
경쾌한 카메라 워크 등 선진적인 촬영 방식으로도 호평받았다.
윤문섭, 하재영, 이영옥 등 당시 실제 대학생들을 캐스팅했다.
하지만 영화는 검열의 가윗날을 피하지 못해
대학가 시위 장면 등 무려 30여 분 분량이 잘려나갔다.
삽입곡 〈고래사냥〉과 〈왜 불러〉 등은 금지곡이 됐다. 영화는
한국영상자료원 VOD 서비스를 통해 무료로 볼 수 있다.

보헤미안 랩소디

스타를 넘어
전설이 된 사나이

"무엇을 하든 즐기며 그저 행복하고 싶을 뿐이다."

음악이 인생의 전부는 아니었지만 대신 가장 중요한 일이었음에는 틀림이 없었으리라. 세상을 떠나기 직전, 매니저 짐 비치에게 남긴 말도 그런 생의 소망을 담고 있었다. "내가 남긴 음악도 당신 마음대로 (처리)해. 단, 절대 날 지루하게는 만들지 마!"

하지만 생은 또 얼마나 외로운 길인가. 전 세계 수많은 이들의 환호가 쏟아지는 무대 뒤편에서 오랜 세월 무엇으로도 채울 수 없는 외로움에 시달렸다. "결국 나의 선택이니 즐기며 살 밖에"라고 스스로 위로했다.

그룹 퀸의 리드보컬이자 상징, 프레디 머큐리^{Freddie Mercury}. 1991년 11월 24일 마흔다섯의 아직 젊은 나이에 세상과 이별했다. 끊이지 않는 음악적 영감을 되새기며 생의 마지막 시기를 보낸 스위스 몽퇴르에서 그는 동상으로 서 있다. 생전 밴드 동료 브라이언 메이(기타), 로저 테일러(드럼), 존 디콘(베이스)이 이곳에 그의 묘비를 세웠다. 브라이언 메이는 먼저 떠나간 친구를 "인생을 사랑한 사람, 노래를 부른 사람"이라고 가리켜 묘비명에 새겨 넣었다.

프레디 머큐리를 '만났다'. 이 가상의 인터뷰가 브라이언 메이의 기억이 과장이 아님을 희미하게나마 드러낼 수 있다면 좋겠다.

Y　제가 당신의 음악을 처음 알게 된 건 중학생 시절이던 1980년대 초중반이었습니다. 당시 가요보다 팝음악을 주로 들으며 자란 한국의 10대와 20대들은 당신과 밴드 퀸을 사랑했습니다.

F　고맙습니다. 1980년대 초중반이면 저희가 한창 투어 활동할 때군요. 참, 〈보헤미안 랩소디^{Bohemian Rhapsody}〉가 한국에서는 금지곡이었다면서요?

Y　"총으로 한 사내를 죽였다"라는 등 가사 때문이었어요. 폭력을 조장한다는 이유로 오랜 시간 방송에서 들을 수 없었죠. 어떤 이들은 당신의 성적 지향과 정체성을 은유한 것이라

고 말합니다.

F 하하! 전 노래를 분석하는 걸 그다지 좋아하지 않아요. 사람
   들이 음악을 나름대로 해석하고 자신들이 좋아하는 방식으
   로 듣는 것만으로 충분합니다. 내가 노랫말을 일일이 분석해
   준다면 듣는 이들은 무척 따분해할 거예요.

Y 〈위 아 더 챔피언We are the Champion〉을 비주류에 대한 옹호의
   정치적 의미로 읽는 시선도 있습니다.

F 축구를 떠올리며 쓴 곡입니다. 축구 팬들이 함께 부를 수 있
   는 노래를 만들고 싶었어요. 실제로도 응원가로 쓰이잖아요.
   난 그저 노래를 부르는 사람입니다. 노래에 정치적 메시지를
   담지는 않아요. 모든 사람을 위해 음악을 하죠. 음악으로 세
   상을 바꾸고 싶다는 생각도 하지 않아요.

Y 하지만 가수에게 노래는 곧 자신의 이야기가 아닐까요.

F 그렇죠. 아니면 내가 되고 싶은 사람의 이야기일 수도 있고.
   돌이켜보면 내가 누군가에게 좋은 연인이 되어본 적이 없는
   것 같기도 합니다. 1985년 발표한 〈마이 러브 이즈 데인저러
   스My Love is Dangerous〉가 바로 그런 생각에서 부른 노래죠. 그런
   게 내 사랑인가 싶기도 해서 '나의 사랑은 위험하다'라고 한
   거죠. 하지만 그 누가 안전한 사랑을 원하겠어요? '마이 러브
   이즈 세이프Safe'라고 하면 하나도 안 팔릴 텐데. 하하하!

Y 사랑에 관한 말씀을 하셨으니. 좀 민감한 질문을…. 당신은 메리 오스틴이라는 이성의 연인을 한때 사랑했습니다. 하지만 양성애자임을 고백한 것으로 알려져 있는데요.

F 웬만하면 그런 사생활에 관한 질문은… 흠, 예! 1970년 즈음 브라이언 메이의 소개로 메리를 처음 만나 사랑했습니다. 청혼한 적도 있죠. 짧지 않은 기간 함께 지내기도 했고. 메리와 영원히 사랑하고 싶었어요. 메리와 전 서로를 떠나지 않았어요. 솔 메이트가 있다면 바로 메리죠. 음악인으로 성공했지만 타인과 관계, 특히 사랑을 이어가는 데에는 가끔 방해를 받기도 했어요. 제게 사랑은 간혹 모든 걸 잃게 하는 러시안 룰렛 같은 것이기도 합니다.

Y 엇비슷한 질문을 수없이 받아 보셨죠?

F 인터뷰란 게 다 그렇죠, 뭐! 하하! 음악이 전부는 아니니까요. 음악 이외의 삶, 이를테면 취미나 성격 등, 주제가 뭐냐에 따라 다른 것이겠죠. 화제가 되는 얘기도 있고, 관심사도 대부분 비슷하니까요. 부담 갖지 말아요.

Y 강렬한 외모와 에너지 넘치는 무대매너, 거침없는 표현 같은 것 때문일까요? 굉장히 괴팍한 분일 거라는 선입견을 갖고 있었습니다.

F 하하! 사람들이 날 만나면 불안해하는 것도 그런 이유에서일

까요? 그래도 겉모습만 보고 판단하지는 말아요. 제가 성격이 강하긴 합니다. 졸음은 질병이라고 생각해요. 위험을 무릅쓰는 것도 두렵지 않아요. 하지만 내면으로는 완전히 다른 사람이죠. 드러머인 로저가 그랬잖아요. "아무도 프레디를 정말로 알지 못했다. 그는 수줍고 상냥하고 친절했다."라고요.

Y 성격이 강하다면 밴드 활동에도 좋지 않은 영향을 미쳤을 듯한데요.

F 멤버 사이에 갈등이 없었다면 거짓말이겠죠. 늘 해체설에 시달리기도 했으니까요. 하지만 실제로 해체한 적은 없잖아요. 우린 대학생 시절부터 서로를 잘 아는 사이죠. 처음 만났을 때부터 싸웠어요. 음악과 관련해선 더욱 그랬죠. 다들 주장도 강하고 자부심도 크고, 더욱이 넷 모두 작곡을 할 줄 아는 흔치 않은 밴드입니다. 하지만 갈등이 우릴 하나로 만들어주곤 했죠. 또 저마다 스타일이 달라서 각기 만든 노래 역시 그랬어요. 서로 비슷했다면 지겨워서 혼자 앨범을 내려고 했을 겁니다. 우리 앨범은 네 사람의 작은 솔로앨범 넉 장을 하나로 묶은 것입니다.

Y 그만큼 완벽함을 추구했다는 말씀인가요.

F 그렇습니다. 우린 그러려고 노력했어요. 우리는 꼼꼼합니다. 스태프에게는 화가 날 일인지는 모르지만, 완벽함과 꼼꼼함

은 관객에게 즐거움을 주기 위한 것이니까요.

Y 사람들은 이제 한 편의 영화로 당신을 추억하고 있습니다. 당신의 생일(9월 5일) 즈음 사람들은 스위스 몽퇴르에서 축하 행사 '프레디 포 어 데이Freddie For A Day'를 열곤 합니다. 이제 일흔이 넘은 나이시네요.

F 감사할 따름이죠. 브라이언과 로저, 매니저인 짐이 제 이름을 따서 '머큐리 피닉스 재단'을 설립해 매년 여는 행사죠. 에이즈 퇴치를 위한 자선 무대인데요, 수익금 역시 그것을 위해 쓰고 있습니다. 그런데, 갑자기 나이 얘기를…. 하하! 전 사실 일흔까지 살기를 바라지는 않았어요. 너무 지루할 것 같았죠. 어딘가 다른 곳에서 새로운 삶을 시작할 겁니다.

Y 몽퇴르일까요?

F 몽퇴르를 정말 사랑합니다. 평화로운 곳이죠. 아무런 방해도 받지 않고 몽퇴르의 레만호를 바라보노라면 음악적 영감이 무수히 떠올라요. 1991년 5월 제 마지막 노래 〈디즈 아 더 데이즈 오브 아워 라이브스These are the Days of Our Lives〉를 녹음하며 서 있기조차 힘든 상태에서 두 잔의 보드카가 힘이 되어 준 것처럼, 몽퇴르는 제 삶의 또 다른 안식처였어요. 그렇게 음악만을 하고 싶었어요. 앞으로도 노래를 부르고 또 부르고 싶어요. 나는 스타가 되지 않을 겁니다. 전설이 될 겁니다.

연관 검색 영화

비긴 어게인(2014)

감독 | 존 카니
주연 | 키이라 나이틀리, 마크 러팔로

열정은 부르고 싶은 노래를 부르게 한다

위플래시(2015)

감독 | 데이미언 셔젤
주연 | 마일즈 텔러, J.K, 시몬스

때로 열정은 광기가 된다. 그래도 '채찍질'은 멈추지 말라!

참조 및 인용(아래 각 자료 가운데 일부를 참조 및 인용해 재구성한 가상 인터뷰임을 밝힌다)

· 프레디 머큐리 공식 사이트
· 1984년 뮌헨 인터뷰 동영상(유튜브)
· 1985년 'The Bigger The Better' 인터뷰 동영상(유튜브)
· 프레디 머큐리의 마지막 인터뷰 동영상(유튜브)
· 네이버 지식백과 및 나무위키
· 그레그 브룩스·사이먼 럽턴 지음, 《퀸의 리드싱어 프레디 머큐리−낯선 세상에 서서 보헤미안 랩소디를
  노래하다》, 문시원 옮김, 뮤진트리, 2007년

영화 〈보헤미안 랩소디〉는?

2018년 전국 990만여 관객을 동원한 흥행작. 프레디 머큐리의
삶을 중심으로 그룹 퀸의 이야기를 그렸다. 브라이언 싱어 감독이
연출하고, 배우 레미 말렉이 완벽에 가까운 싱크로율로
프레디 머큐리의 삶을 연기했다. 퀸의 멤버 브라이언 메이,
로저 테일러, 존 디콘을 빼닮은 배우 귈림 리, 벤 하디,
조셉 마젤로 역시 주연이다. 하지만 핵심은 음악이다.
〈보헤미안 랩소디〉등 퀸의 많은 명곡은 물론 라이브 공연의
정수로 불리는 1985년 '라이브 에이드' 무대가 영화의 절정을 이루며
관객의 환호를 얻었다. 프레디 머큐리는 생전 "언젠가 나의 일대기를
다룬 영화를 한 편 갖는 상상도 해본다. 물론 거기서 내가
중요한 부분을 맡게 되겠지."라고 말한 바 있다(《퀸의 리드싱어

프레디 머큐리 - 낯선 세상에 서서 보헤미안 랩소디를 노래하다》).

상상은 현실이 됐다. 추억은 그렇게 살아 숨 쉰다.

빌리 엘리어트

　열한 살 소년 빌리의 아버지 재키 엘리어트는 팍팍한 삶의 와
중에도 50펜스를 들여 아들에게 복싱을 가르치려 했다. 아버지의
강권에 떠밀려 마을회관에 들어선 아들은 복싱 체육관의 한쪽 공
간을 빌려 강습하는 발레 교실에서 여자아이들이 발레를 배우는
장면을 목격한다. 아들은 어이없게도 그 길로 발레에 빠져 버렸
다. "발레는 여자들에게는 정상적이지만" 남자에겐 그렇지 않을
뿐더러 "남자는 축구나 레슬링"을 해야 한다며, 아버지는 남성성
에 관한 근거 없는 확신으로 아들의 의지를 꺾으려 했다.

체육관에서 아이들이 발레를 배우게 된 건 마을회관의 1층에 있던 발레교습소가 탄광노조의 파업으로 인해 광부들을 위한 무료급식소로 활용됐기 때문이다. 빌리의 형 토니와 아버지 재키가 소속된 영국 탄광노조가 장기간 파업을 이어가던 때였다.

무엇이 우선이고, 어떤 가치가 더 귀한가

1979년 권력을 잡은 영국의 마거릿 대처Margaret Hilda Thatcher 수상은 침체한 경제와 무기력해진 사회 분위기를 되살린다는 명분으로 시장경제 우선주의에 입각해 강력한 구조조정 정책을 이행해갔다. 대처 정부는 경제 침체의 원인으로 이전 노동당 정부의 과도한 복지정책을 지목하며 관련 예산을 대폭 삭감하고 재정지출을 줄였다. 공기업을 민영화했다. 1984년 탄광노조는 산업합리화를 내세워 광부들을 거리로 내몰려는 정부의 방침에 맞서 파업을 벌였다.

영국 북부를 중심으로 발달했던 탄광산업이 점차 힘을 잃어가던 시기였다. 영국의 부흥을 이끌며 산업혁명의 중요한 근간이 되었던 석탄은 이미 애물단지 처지로 전락하고 말았다. 대처는 탄광노조를 내부의 적으로 규정해 끈질기게 탄압했다. 노조의 파업은 와해되기에 이르렀다.

영국 북부에 재키와 토니 같은 광부들이 있었다면, 남부에서는 제철 노동자들이 앞서 같은 아픔을 겪었다. 제철소가 문을 닫으면서 직장을 잃은 채 하릴없는 일상에서 허우적거리는 이들은 먹고살기 위해 스트립쇼 무대에 나서기로 했다. 〈풀 몬티Full Monty〉의 노동자 가즈와 그 일당들이 그려낸 풍경이다.

대처 이전 노동당 정부 아래서 정말 과도한 복지정책과 노조의 강력한 힘이 경제를 침체시켰는지 여부는 여전히 논쟁거리로 남아 있다. 다만 '대처리즘'으로 상징되는 신자유주의의 격랑 속에서 서민들의 일자리와 먹거리가 줄어들었다는 사실을, 노동자 재키·토니·가즈'들'이 처한 당대적 현실은 말해주고 있다. 또 더욱 힘을 키운 자본과 자산의 소수와, 이를 지니지 못한 대다수 사이에 벌어지는 양극화의 격차도 그만큼 커져갔음을 다양한 지표는 가리키고 있다.

그런 지표 앞에서 아이들의 꿈은 서서히 사그라지고 마는 것일까. 자신의 재능을 일찍이 간파해낸 윌킨슨 부인의 권유로 로열발레학교 입학 오디션에 응하려 했던 날, 빌리는 파업에 앞장선 형 토니가 경찰에 연행되는 장면을 목격하곤, 오디션 응시를 포기해야 했다. '문제'는 여기서부터다.

많은 희생이 따라야
꿈을 이룰 수 있는 세상에서…

크리스마스 밤, 체육관에서 친구에게 춤을 가르치다 끝내 포기하지 못한 꿈을 아버지에게 들켜버린 빌리. 아들의 간절한 표정 앞에서 아버지는 파업의 '배신자'가 되기로 결심한다. 아들의 꿈을 지켜주기 위해서다. 하나를 선택하면 그만큼 또 다른 한 가지를 내버리도록 강요당하는 현실. 가난한 아버지는 아들의 꿈을 위해, 학비를 벌기 위해 자신을 버리기로 했다.

빌리가 로열발레학교의 합격통지서를 받던 날, 재키와 토니와 숱한 동료들은 파업을 포기당해야 하는 엄혹한 현실에 놓인다. 재키와 광부들은 자신의 처지보다 더 나은 아이들의 미래를 기대한 것이 아니다. 그저 아이의 꿈을 지켜주고 싶었을 뿐이다. 성장한 빌리가 한 마리 아름다운 백조가 되어 무대 위에서 날아오를 때, 재키의 눈에 가득 고이는 눈물도 아들의 꿈이 곧 자신의 꿈이었음을 새삼 깨달았기 때문이다. 그래서 세상이 강요한 팍팍한 현실을 온전히 각 '개인들'이 감당할 수밖에 없느냐는 질문이 과도한 시선이라 비난받을 이유가 없다. 질문은 빌리가 꿈을 이루거나 그렇지 못하거나 하는 문제와는 별개의 것이다.

아마도 모든 꿈은 존귀하리라. 그래서 더욱 묻지 않을 수 없다.

꿈은 개인일까, 세상일까. 개인의 것이라면 꿈을 지닌 해당의 개별적 존재들이 스스로 삶을 개척해 이뤄가면 그뿐일 것이다. 하지만 빌리가 개별적 존재로서 꿈을 꾸었다 하더라도 그 이뤄짐으로 가는 과정은 개별적이지 못했다. 아무리 노력해도 끝내 가 닿을 수 없는 숱한 꿈들이 허망하게도 중도에 무너지고 마는 광경을 우리는 얼마나 많이 목격했던가. 아직 채 피어나지 않은 어린 목숨들의 꿈을 세상이 지켜주지 못한 현실을 또 얼마나 많이 무력하게 지켜봐야 했던가.

그러니 꿈은 세상이어야만 한다. 세상은 애초부터 개별의 존귀한 꿈을 훼손시켜서는 안 된다고 믿는다. 세상은 개별적 존귀함의 꿈들과 꿈들이 일궈온 것이기 때문이다. 또 앞으로도 그 개별적 존귀한 꿈들과 꿈들이 서로 부딪치고 어우러지는 마당이 되어야 하기 때문이다. 그래야 꿈들은 개별적으로 더욱 존귀해질 것이다.

◆

2019년 2월 서울대 경제학부 주병기 교수는 부모의 사회경제적 환경이 자녀세대에 얼마나 많은 기회를 줄 수 있는지, 그렇지 못한지를 따져 지표화한 '개천용지수'를 내놓았다. 이는 그 기회란 것이 얼마나 불평등하게 주어지는 것인지를 설명하고 있다. 주병기 교수는 '개천에서 용 난다'라는 속담을 인용해 '개천에서 용 나기 어려운 현실'이 되어 가고 있음을 경고했다. 그에 따르면 지수는 1에 가까울수록 기회가 불평등함을 말해주는데, 2001년 0.14가량이었다가 2014년 0.38로 높아졌다.[1]

개천은 개별인가, 세상인가. 빌리는 '개천의 용'이었을까. 빌리의 꿈은 무자비한 현실 속에서 개별적 아픔들이 꾸역꾸역 감당해 내야 했던 존귀한 희생 위에서야 실현 가능했다고 말한다면 오독일까, 아닐까.

연관 검색 영화

말아톤 (2005)

감독 | 정윤철
주연 | 조승우, 김미숙

타고난 재능? 뛰지 않으면 재능은 사라질 뿐. 끝까지 뛰어라!

문라이트 (2017)

감독 | 배리 젠킨스
주연 | 알렉스 R. 히버트, 애시튼 샌더스

가난한 삶, 성장의 상처. 그래도 달빛은 비추리라

---

1 주병기, 「공정한 사회와 지속가능한 경제발전」, 한국경제학회 학술대회 발표, 2019년 2월 14일

영화 〈빌리 엘리어트〉는?

'개천'은 개별인가, 세상인가. 영국 북부 탄광촌의 소년
빌리 엘리어트가 발레리노의 꿈을 이뤄가는 이야기.
한 소년의 단순한 성장기가 아니라 1980년대 영국 탄광노조의
장기간 파업을 시대적·정서적 배경으로 펼쳐 놓음으로써
누구나 지닌 꿈이 결코 현실과 동떨어질 수 없음을 드러낸다.
스티븐 달드리 감독이 연출해 2001년 선보인 영화는
주인공 빌리 역의 제이미 벨에게 영국 아카데미 남우주연상의
영광을 안겨주었다. 제이미 벨은 훗날 봉준호 감독의
〈설국열차〉에도 출연했다.

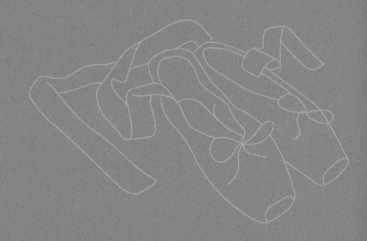

품행제로

삐딱하게 선 나무가
속을 비운 까닭

그해 봄, 패싸움

수업을 마친 중학교 3년생 아이들은 학교 운동장에서 '짬뽕'(테니스공 또는 그만한 크기의 고무공을 살짝 던져 올린 뒤 내려오는 공을 주먹으로 쳐내는, 야구와 비슷한 놀이다. '찜뽕'이라고도 불렀다. 어떻게 그런 이름을 갖게 됐는지는 정확히 알려져 있지 않다)에 몰두했다. 대통령의 '두발자유화' 지시로 그해부터 머리카락을 기를 수 있게 된 아이들의 머리털은 이미 덥수룩해져 있었다. 뛰어노느라 흙먼지가 잔뜩 묻은 검은 교복과도 어울리지 않는 모양새였지만, 아이들은 그래도 침을 발라가며 가르마를 탔다.

또 다른 무리의 아이들이 시합을 청해왔다. 시합은 치열했다. 아웃이니, 세이프니, 시비가 붙었다. 기어이 주먹다짐으로 번졌다. 패싸움이었다. 어느새 시합을 제안해온 아이들이 밀리는 상황으로 치달았다. 도망치는 아이들과 뒤쫓는 아이들. 교문 밖을 나서자마자 한 녀석이 가방을 뒤졌다. 또래들보다 덩치가 유난히 큰 녀석은 가방 속 도시락에서 포크를 꺼내 들고는 다시 아이들을 뒤쫓았다. 그보다 덩치가 좀 작은 또 다른 녀석은 기술과목 시간에 원을 그리는 데나 써야 할, 끝이 날카롭게 뾰족한 컴퍼스를 꺼냈다. 녀석들은 끝내 도망치는 아이들을 잡지 못했다. 덩치 큰 녀석은 분이 삭히지 않는 듯 씩씩대며 담배를 꺼내 물었다.

그해 가을, 맞장

아이들이 다니는 학교에도 '캡짱'이 있었다. 겁 없이 주먹 잘 쓰는 녀석의 이름이 전설처럼 입에서 입으로 전해졌다. 캡짱이 있으면 또 그 자리를 넘보는 놈도 있기 마련. 아이들은 두 녀석이 '맞장을 뜨면' 이길 승자를 상상했다. 캡짱은 학교를 뛰쳐나갔다.

자퇴한 것인지, 퇴학당한 것인지는 분명치 않다. 자연스레 다른 녀석이 빠르게 공백을 메우며 새로운 캡짱의 자리에 등극했다.

어느 날 다른 학교의 캡짱과 자신들의 캡짱이 맞장을 뜨기로 했다. 맞장은 아이들의 캡짱이 승리를 거둔 것으로 일단락됐다. 다음날 아이들은 전날 벌어진 대전에 대해 떠들었다. 자부심 가득한 얼굴로 자신들의 캡짱이 얼마나 위대한지 침 튀어가며 친구들에게 전파했다. 회자의 내용은 얼마간 부풀려졌고, 캡짱은 그렇게 또래들의 '영웅'이 되어갔다.

그해 봄, 호출

영웅은 고등학교에 올라가 2학년이 됐다. 누군가를 불러냈다. 무슨 일이 있었던 건지 알 수 없지만, 또래들보다 1년 뒤늦게 입학한 신입생이 축 늘어진 어깨를 하고 영웅 앞에 섰다. 그 역시 한때 주먹 좀 휘두르던 아이였다는 확인되지 않은 소문이 나돌기는 했다. 영웅의 곁에는 그를 추종하는 아이들이, "한쪽 다리 건들거리면서 / 삐딱하게 서"[1] 있었다.

별다른 이유는 없었다. 다리를 쫙 벌린 채 계단에 앉은 영웅은 매서운 눈빛으로 신입생을 추궁하기 시작했다. "너 이 새끼, 1년

꿇었다며?" 신입생은 말이 없었다. 힘없는 눈빛으로 영웅을 쳐다볼 뿐이었다. 눈알에 잔뜩 힘이 들어간 영웅은 "엉기지 마!"라는 경고로 신입생을 보내주었다. 신입생이 자신들에게 엉길 이유가 전혀 없었는데도, 영웅과 추종세력은 후배의 기선을 제압하지 않으면 안 된다고 생각했다. 혹여나 다른 아이에게 그 자리를 빼앗기는 '쪽팔리는' 사태를 미연에 방지하기 위한, 나름의 전략이기도 했다. 그것이 캡짱의 숙명이기 때문이다.

그해 여름, 또 맞장

아이들은 문덕고 캡짱 중필의 고달픈 숙명을 부추겼다. 중필도 내심 강호의 새로운 강자로 떠오른 전학생을 그냥 두고만 볼 수 없었던 터이기는 했다. 치고 때리고 막고 넘어지고 쓰러져가는 막싸움 끝에 마침내 승리를 쟁취한 중필이 "이 X새끼들아! 내가 캡짱이야!"라고 선언하면서 아이들은 진짜 캡짱의 위용을 다시 한 번 확인했다. 전설은 그냥 전설이 아니었던 거다.

그렇게 아이들은 자라났다. 정란여고의 민희를 짝사랑하는 중필, 그런 그를 역시 마음에 품은 정란여고의 캡짱인 날라리 여고생 나영, 중필의 '꼬붕'인 수동도 어느새 어른이 됐다. 민희에게 잘 보이고 싶어 기타를 들었던 중필은 바로 그 기타로 교습소를 차려 밥 벌어먹고 살아간다. 민희는 연구소 연구원, 나영은 '길거리 캐스팅'된 CF 모델, 수동은 자신의 재능을 뒤늦게 발견해 놀이공원에서 일하는 요들송 가수가 됐다.

어른이 되어 맞는 어느 겨울, 중필은 기타교습소 창밖으로 캡짱의 추억을 떠올리며 미소 짓는다. 추억은 눈이 되어 아이들의 머리 위에 사뿐히 내려앉는다. 추억을 가볍게 되새기며 아이들은 제각각 자신들의 자리를 찾아가고야 만 것이다. 괜한 우쭐댐으로 좌충우돌할지언정, 그것이야말로 아이들의 성장기를 채워준다. 질풍노도가 아니라면 아이들은 자라날 수 없다. 그렇게 좌충우돌하면서 아이들은 쑥쑥 커가는 것이다.

작가 김려령의 주인공 '완득이'도 말하지 않았나. "흘려보낸 내 하루들. 대단한 거 하나 없는 내 인생, 그렇게 대충 살면 되는 줄 알았다. 하지만 이제 거창하고 대단하지 않아도 좋다. 작은 하루가 모여 큰 하루가 된다. 평범하지만 단단하고 꽉 찬 하루를 꿰어 훗날 근사한 인생 목걸이로 완성할 것이다."[2]

그러니 좀 어긋난다고, 좀 삐딱하다고 크게 나무랄 일은 아닐 성싶다. 그래서 김애란은 이렇게 물었던가. "생각해 봐 / 꼿꼿이 자라는 나무와 / 삐딱하게 자라는 나무 / 애들이 어디에서 놀지?/ 어디가 재밌을 거 같아? / 어디에 기대고 싶어? / 어디가 편할 거

같아?"[3]라고 말이다.

◆

　우리의 캡짱과 추종의 무리도 이제는 어디선가 건강한 시민으로 제 몫을 하면서 살아가고 있다. 질풍노도와 좌충우돌과 막싸움 끝에 자신들의 속을 채우는 방법을 배워간 덕분이다. "속이 없는 게 아니야, 속을 비워 두는 거야"[4]라는 말에 아무런 이유가 없는 게 아니다.

연관 검색 영화

완득이(2011)

감독 | 이한
주연 | 유아인, 김윤석

한 뼘씩, 한 뼘씩, 느리게 자라나는 아이들

말죽거리 잔혹사 (2004)

감독 | 유하
주연 | 권상우, 한가인

우당탕탕 주먹질, 거침없는 시대의 질풍노도

---

1 김애란, 시 〈난 삐딱한 게 좋아〉, 시집 《난 학교 밖 아이》, 창비교육, 2017년
2 김려령 지음, 《완득이》, 창비, 2008년
3 김애란, 시 〈난 삐딱한 게 좋아〉, 시집 《난 학교 밖 아이》, 창비교육, 2017년
4 박성우, 시 〈대나무 성장통〉, 시집 《사과가 필요해》, 창비, 2017년

영화 〈품행제로〉는?

1980년대 말쯤으로 보이는 시기, '중원'을 장악했던
문덕고 캡짱 중필의 성장기. 주연배우 류승범의
'양아치스러운' 연기가 일품이다.
날라리 여고생 나영 역의 공효진과 민희 역의 'TTL 소녀' 임은경,
중필의 친구 수동 역의 봉태규 등도 맛깔난 연기를 펼쳤다.
조근식 감독은 이들을 통해 10대들만의 세상을
발랄하게 그려냈다.

동주

"인제는 굶을 도리 밖게 없엇다."

부부는 밥 한 끼 온전히 지어 먹을 수 없을 만큼 가난하다. 아내는 남편에게 눈물로 궁리를 요구한다. 하지만 남편이라고 무슨 요량이 있을까. "결혼할 때 저 먼 외국 가 있는 안해의 아버지로부터 선물로 온 은술가락"을 떠올린 건 그때였다. 장인은 해외로 망명을 떠난 뒤 "너히가 가정을 이룬 뒤에 이 술로 쌀죽이라도 떠먹으며 굶지 말라"고 은수저를 보내주었다. "세상 없어도 이것을 없애서 안 되네."라는 당부를 앞세웠다.

그래도 어쩌겠는가. 당장 굶어 죽을 지경에 이르렀으니, 남편은 이것이라도 "잡혀 쌀, 나무, 고기, 반찬거리로 연명"하고자 한다. 설움에 눈물 흘린 아내는 결국 남편이 은수저와 맞바꿔 온 쌀로 밥을 짓는다."

"밥은 가마에서 소리를 내며 끓고 잇다. 구수한 밥내음새가 코를 찌른다. 그럴 때마다 나는 위가 꿈틀거림을 느끼며 춤을 삼켯다." 이 철없는 남편. 먹자며 밥상머리에 대드는데, "앗!" 하고 외면하엿다". "밥 먹는 데 무엇보다도 필요한 안해의 술가락이 없음을 그때서야 깨달앗던 까닭이다.

쉽게 '씨워진' 시가
부끄러워…

1935년 1월 1일자 〈동아일보〉에 실린 신인 송한범의 콩트 '술가락'의 줄거리다. 그해 신춘문예 당선작으로, 송한범은 식민의 고통에 신음하며 가난에 헐벗은 이들의 아픔을 반전으로 그려냈다.

송한범은 송몽규의 필명이다. 시인 윤동주와 함께 자라난 동갑내기 죽마고우이자 고종사촌이다. 시를 꿈꿨던 윤동주는 18세의 나이로 신춘문예에 당선된 송몽규를 바라보며 부러웠을 터이다.

시를 향한 열망도 더욱 커져갔을 것이다. 그런 두 사람의 성격과 성향은 매우 달랐다. 이들과 중국 북간도 명동에서 함께 자란 고 문익환 목사는 윤동주를 "회상하는 것만으로 언제나 넋이 맑아 지는 것을 경험했고 그는 아주 고요하게 내면적인 사람이었다."[1] 라고 돌이켰다. 두 사람과 함께 연희전문학교에서 공부한 강처중도 "동주는 사교적이지 못함에도 친구들이 많았"고 "산책을 할 때는 사색에 잠겨 있었다."[2]라고 말했다. 수필가인 고 안병욱 숭실대 명예교수는 송몽규가 "다감하고 격정적이었다."[3]라고 떠올렸다. 그랬기 때문일까. 시대와 세상으로 나아가는 두 사람의 보폭 역시 달랐다.

송몽규는 주권 잃은 백성으로서 이를 되찾는 길에 적극 나섰다. 신춘문예에 당선된 그해 4월 학업을 중단하고 중국 난징으로 향해 독립운동에 뛰어들었다. 한 차례 투옥된 뒤 풀려났지만, 여전히 일제의 '요시찰' 대상이 되어 일상을 감시당했다.

윤동주는 1917년 불과 3개월 먼저 태어난 송몽규를 형이라 불렀다. 다니던 숭실중학교가 신사참배 문제로 문을 닫고 "친구(문익환)는 신사참배를 거부하며 자퇴하자 복잡한 심정"으로 "이런 날에는 잃어버린 완고하던 형을 부르고 싶다."[4]라고 썼다.

그는 시로써 식민의 절망을 들여다보고자 했을 것이다. 하지만 모국어로 시를 쓸 수 없었던, 써서는 안 되었던 시대였다. 그래서 일본 여성 후카다 쿠미는 그에게 시를 일본어로 번역하고 다시 영어로 옮겨 영국 출판사를 통해 시집을 내자고 했다. 윤동주는 시집의 제목을 '하늘과 바람과 별과 시'라고 지었다. 시인 신경림은 "그 청순하고 개결한 젊음과 함께, 하늘과 바람과 별을 지향하는 밝음과 맑음, 빛의 이미지"[5]를 윤동주 시의 가장 큰 미덕이라 했다. 정작 윤동주는 '쉽게 씌워진 시'를 늘 부끄러워했다.

비범하게 태어나
비범하게 살다 가다

窓(창)밖에 밤비가 속살거려 / 六疊房(육첩방)은 남의 나라./ 詩人(시인)이란 슬픈 天命(천명)인 줄 알면서도 / 한 줄 詩(시)를 적어 볼가. / … / 생각해 보면 어린 때 동무들 / 하나, 둘, 죄다 잃어버리고 / 나는 무얼 바라 / 나는 다만, 홀로 沈澱(침전)하는 것일가? / 人生(인생)은 살기 어렵다는데 /詩가 이렇게 쉽게 씌워지는 것은 / 부끄러운 일이다.(…)[6]

시인은 시대의 고통과 아픔을 외면할 수 없었다. 까닭에, 결국 "등불을 밝혀 어둠을 조곰 내몰고, / 時代(시대)처럼 올 아츰을 기다리는 最後(최후)의 나. / 나는 나에게 작은 손을 내밀어 / 눈물과 慰安(위안)으로 잡는 最初(최초)의 握手(악수)."(위 시)라고 노래했다.[7]

신경림은 윤동주가 "일제의 강점 하에서는 항일 이외에는 어떠한 것도 아무 가치가 없다고 생각하는 경직된 투사이기에 앞서 시를 쓰는 것을 천직으로 아는 타고난 시인"이었다면서, "하늘을 우러러 한 점 부끄럼이 없는 시인으로 살려니까 항일사상가가 될 수밖에 없었다."[8]라고 말했다. 사촌이자 친구 역시 자신의 방식으로 세상과 시대의 격랑 속으로 뛰어들었다. 시인은 '사람들 마음속에 살아 있는 진실을 드러낼 때 문학은 온전하게 힘을 얻는 것'이며 '그 힘이 하나하나 모여 세상을 바꾼다'고 믿었다. 이에 친구는 "그런 힘이 어떻게 모이는가. 그저 세상을 바꿀 용기가 없어 문학 속으로 숨는 것 아닌가."라고 반문하며 맞섰다.

◆

그렇지만 이들의 운명은 한 가지였다. 죽음 앞에서 부끄러움과 안타까움, 괴로움을 함께 나눴다. '일본 교토 조선인 유학생 사건'으로 1943년 체포돼 치안유지법 위반 혐의로 징역 2년형을 나란히 선고받은 이들은 후쿠오카 형무소의 컴컴한 감방에서 숨을 거뒀다. 시인은 그 순간에도 "이런 세상에 시를 쓰기를 바라고, 시인이 되기를 원했던 것"이 너무 부끄럽다며 자책했다. 친구는 식민의 폭력에 제대로 맞서지 못해 "안타깝고 한스럽다."라고 통탄하며 일제를 비웃었다. 식민의 고통은 이들이 생을 마감한 반년 뒤에 비로소 끝났다.

이들의 나이 스물여덟이었다.

연관 검색 영화

박열(2017)

감독 | 이준익
주연 | 이제훈, 최희서

암울한 시대, 청춘은 왜 무정부주의자일 수밖에 없었나

파수꾼(2011)

감독 | 윤성현
주연 | 이제훈, 박정민, 서준영

성장? 아픔? 10대들이 세상 대신 떠안아야 하는 서툰 관계의 파국

1, 2 윤동주 지음, 《동주야 몽규야》, 라이프하우스, 2016년
3 안병욱, 〈나의 유학(留學) 시절〉, 매일경제, 1985년 11월 4일
4 윤동주 지음, 시 , 《동주야 몽규야》, 라이프하우스, 2016년
5 신경림 지음, 《신경림의 시인을 찾아서》, 우리교육, 1998년
6, 7 윤동주, 시, 홍장학 지음 《정본 윤동주 전집 원전 연구》 재인용. 문학과지성사, 2004년
8 신경림 지음, 《신경림의 시인을 찾아서》, 우리교육, 1998년

영화 〈동주〉는?

시인 윤동주와 그의 친구이자 고종사촌인 송몽규의 이야기.
식민의 고통에 각기 다른 방식으로 맞서고자 했지만
끝내 스러져야 했던 두 사람의 짧지만 치열했던 청춘의 기록이다.
이준익 감독은 강하늘과 박정민을 앞세워 윤동주와 송몽규
그리고 시대의 아픔을 흑백화면에 담아냈다.

맨발의 꿈

동일선상의 공은
둥글어야 한다

"골을 막고 골을 넣고, 그게 전부다."

1992년 한국 축구를 바르셀로나 올림픽 본선에 진출시킨 독일 출신 데트마르 크라머Dettmar Cramer 감독의 말이다. 그는 "축구 자체는 그야말로 원시적이다."라고 덧붙였다.[1]

이를 자신의 책《축구란 무엇인가》에 옮겨 적은 작가이자 교사인 크리스토프 바우젠바인Christoph Bausenwein은 "손을 사용하지 않으면서 상대 골대에 공을 집어넣으려는 두 팀 간에 자유롭게 흘러가는, 단순한 경기"[2]라고 축구를 설명했다. 모두 17개 조항으로 이뤄진 FIFA(국제축구연맹)의 경기 규칙도 선수의 수, 경기장 규격, 경기시간처럼 '형식적 조건'과 득점을 통해 '승패를 결정하는 법' 등 "경기의 틀만을 지시할 뿐"이다.[3]

그렇다면 "득점 확률을 높이기 위해 모든 팀은 상대 팀의 골대 앞쪽에 병력을 집중 배치하고, 롱 패스로 공을 전달하는 단순한 전략으로 일관"[4]하는 게 가능한가. 장원재 축구 칼럼니스트는 그렇지 않다고 말한다. 그럴 때 중원지대는 "아무 짝에도 쓸모없는 공간으로 전락"[5]하기 때문이다. "핸드볼이나 농구에서는 경기 중 사건이 대부분 골대 앞이나 바스켓 아래에서 벌어지고, 중원은 전략 전술상 큰 의미가 없다. 그러나 축구에서는 두 골대 사이가 바로 거대한 활동 공간이며 그래서 중요한 전략 전술적 차원을 지닌다."[6]라고 전직 선수 로터만도 말하지 않았는가. 이 같은 전략과 전술을 가능하게 하는 것, 바로 오프사이드off-side 규칙이다.

꿈에 가치란 없다

크리스토프 바우젠바인은 오프사이드 규칙을 이렇게 설명했다. "상대 진영에 있는 선수는 같은 편 선수가 패스하는 순간에, 자신과 상대 골대 사이에 상대 선수가 최소한 두 명 있을 때만 공을 잡을 수 있다."[7] 그 위반 여부를 일차적으로 가리는 사람은 부심으로, 골키퍼에 앞선 최종 수비수와 공격수가 '동일선상'에 자리하는지를 순간적으로 판단해야 한다. 그래서 부심은 공격수가 동료의 패스 순간보다 최종 수비수에 앞선다고 볼 경우, 대체로 오프사이드 반칙을 선언하지만 실제 경기에서 사람의 눈으로 이를 명확하게 가려내기란 쉽지 않다. 중요한 것은 오프사이드 규칙 덕분에 선수들은 "공격을 진행할 때면 언제나 무질서하게 행동해서는 안 된다."[8]라는 것을 알게 된다고 크리스토프 바우젠바인은 말했다.

하지만 때로 수비수들은 '일(一)자' 형태의 수비 대형을 유지하다 상대 공격수가 날아오는 공을 잡으려 돌진해오는 순간을 포착해 일제히 상대 진영 쪽으로 달려 나가며 '함정'(오프사이드 트랩)을 판다. 골을 넣기 위해 앞으로 돌진하려는 공격수의 본능적인 욕망과 그 '동일선상'을 찰나에 깨트리려는 수비수의 이성적 판단이 첨예하게 맞부딪치는 장면이다. 그래서 오프사이드 규칙은 욕망과 이성의 조화를 통해 규격화한 공간 안에 질서를 부여한다. 크리스토프 바우젠바인이 "축구에서는 많은 것이 즉흥적 착상에 의존하지만, 오프사이드 규칙을 통해서 선수들에게 자기 행위를 반드시 미리 계획할 것을 요구하는 계기가 생겨난다."라고 말하면서, "이런 규칙들 안에 포함된 계획성과 즉흥성의 변증법이 축구를 전 세계에서 독보적인 기호체계로 만든 매혹"[9]이라고 쓴 까닭도 거기 있을 것이다.

어쨌거나 명확한 것은 축구 경기장 안에서 모든 이들은 '동일선상'에 서 있어야 한다는 점이다. 공 하나만으로 지구상 모든 대륙을 아우르며 계급과 신분과 종교와 인종과 빈부 등 모든 차이와 경계를 뛰어넘어 전 세계인들의 열광을 자아내는 스포츠 경기가 또 있을까. 일정한 수의 사람과 공간 그리고 공만 있다면 경기를 직접 즐길 수도 있다. 선수는 선수대로, 자유분방하면서도 오프사이드 규칙으로 대변되는 질서 속에서 예술적인 몸짓을 방불케 하는 현란함으로 관중을 열광시키며 오로지 몸과 몸으로써 대결한다.

공은 둥글고,
승패는 누구도 알 수 없으니

2004년 남태평양의 작은 나라 동티모르의 가난한 소년들은 일본 히로시마에서 열린 리베리노컵 국제유소년축구대회에서 우승했다. 체계적인 선수 육성 시스템 아래 자란 나라의 아이들에 맞서 소년들은 6전 전승을 기록했다. 소년들은 많은 아시아권 나라들처럼 오랜 식민의 아픔을 겪은 조국 동티모르가 그 생채기 속에서 또 다시 내전에 휩싸이는 것을 목격해야 했다. 대회에서 우승하기 2년 전 인도네시아로부터 해방된, 21세기 최초의 독립국 동티모르와 국민은 소년들의 감동적인 활약에 감사해했다.

소년들은 맨땅에서 맨발로 공을 찼다. 축구는 그들의 꿈이었다. 펠레로 상징되는 브라질의 가난한 소년들도 골목과 해안가 모래밭에서 공을 차며 놀았다. 브라질의 현란한 축구는 그렇게 실력을 쌓았다. 디에고 마라도나와 리오넬 메시의 조국 아르헨티나 역시 빈민가 아이들을 축구 스타로 키워냈다. 오랜 군부독재의 철권통치가 때로 축구를 체제 선전에 악용했을지언정, 이들 나라 사람들은 축구에서 위안을 찾았고 그에 열광했다.

동티모르에서처럼 처절한 내전의 와중에 할아버지가 처형당하는 것을 목격한 크로아티아의 소년 루카 모드리치도 꿈을 놓지 않았다. 한때 영양실조로 정식 선수가 되지 못할 뻔했던 그는 이제 세계 최고의 축구클럽인 스페인 레알 마드리드에서 날렵한 몸놀림으로 중원을 휘젓고 다닌다. 포르투갈을 대표하는 크리스티아누 호날두도 역경의 영웅 명단을 장식하는 스타로 성장했다. 2017-18 UEFA(유럽축구연맹) 챔피언스리그 결승전에서 부상을 당하며 눈물을 흘린 잉글랜드 프리미어리그 리버풀의 골잡이 모하메드 살라는 어린 시절 버스로 여덟 시간의 왕복 거리를 마다 하지 않는 힘겨운 과정을 겪은 끝에 28년 만인 2018년, 러시아 월드컵 본선에 조국 이집트를 진출시켰다.

◆

이들 모두 '동일선상'에서 출발했다. 오로지 재능을 키우며 끊임없이 꿈을 꾸었다. 운동장에 나서는 노력으로써 한 발 한 발 달려 나아갔다. 모두 '동일선상'에서 꿈을 꾼 덕분이다. '동일선상'을 허무는 오프사이드 트랩으로 인해 비록 그 꿈이 무력해지는 한이 있더라도 이들은 꿈으로써 공을 차고 또 찼다. "숱한 좌절의 역사 속에서도 여전히 그들이 묘연한 활기에 들뜰 수 있는 것은 더욱 더 단순하게 분명해지는 욕망 때문"이었을지도, 위선의 거품을 걷어낸 부의 욕망, 성공의 욕망, 골을 넣어 승리하겠다는 욕망[10] 때문이었을지도 모른다.

하지만 오프사이드가 발목을 잡는다고 하더라도 "공은 둥글고, 경기가 끝나기 전에는 아무도 승패를 말할 수 없다. 역전의 희망이 남아 있는 한, 정해진 승부란 단 한 게임도 없"으니 우리는 "그 속에서 끝끝내 쓰라린 생애를 견뎌낼 소중한 힘을 얻"게 될 것이다.[11]

연관 검색 영화

야구소녀(2020)

감독 | 최윤태
주연 | 이주영

세상의 마운드, 그 위에서 구속 134킬로미터의 꿈을 내리꽂는다

천하장사 마돈나(2006)

감독 | 이해영
주연 | 류덕환

아름다운 마돈나를 꿈꾸는 뚱보 소년, 오동구의 엎어치기 한 판

1, 2, 3 크리스토프 바우젠바인 지음, 《축구란 무엇인가》, 김태희 옮김, 민음인, 2010년
4, 5 장원재 지음, 《끝나지 않는 축구 이야기》, 북마크, 2010년
6, 7, 8, 9 크리스토프 바우젠바인 지음, 《축구란 무엇인가》, 김태희 옮김, 민음인, 2010년
10, 11 김별아 지음, 《축구전쟁》, 웅진닷컴, 2002년

영화 〈맨발의 꿈〉은?

꿈은 이루어진다! 꿈은 이루어졌다!
꿈은 그대로 힘이 된다. 2004년 일본 히로시마에서 열린
리베리노컵 국제유소년축구대회에서 우승한 동티모르
대표팀 선수들과 당시 지휘봉을 쥐었던 한국인 김신환 감독의
실화를 바탕으로 한 영화. 촉망받는 선수였지만 은퇴해
사업에 뛰어든 영광이 돈을 벌기 위해 날아간 동티모르에서
현지 소년들과 함께 꿈에 도전하는 이야기다.
소년들은 내전의 혼란 속에서도 오로지 축구에 대한 열정만으로
세상에 나섰다. 연출자 김태균 감독은 실제 현지 소년들을
캐스팅해 영화를 완성했다. 2010년 개봉작.

"

내 꿈은, 내가 꾸겠소이다.

"

<광해, 왕이 된 남자> 중에서

Scene
3

정말, 세상은 아름다운가

밀양

密陽

과 연 신 이 인 간 을
감 당 할 수 있 는 가

"속물 같아요."

이러나저러나, 어떤가. 사람 사는 데가 다 똑같아서 그냥 살아가는 거 아니던가.

대가를 바라지 않은 진심의 배려가 못내 부담스러웠나보지. 아니면 촌티 가득한 소도시에서 '한 다리'만 건너도 모두가 알고 지내며 '형님, 동생' 하는 일상, 그래서 서로 도움을 주고받는 하루하루가 도시 생활의 흔적을 채 지우지 못한 시선에는 낯선 것일 수도 있는 것이겠지. 그 작은 도움과 배려의 세상살이를 짐짓 자

랑하려던 건 아니었는데, 그렇게 비췄던 모양이지. 어우렁더우렁 살아가는 시골의 소박함이 너무도 현실적으로 비친 탓이라면 또 어떨까. 아무려나, 그것도 사람의 세상이니까.

하늘 맑은 날이었다. 그렇게 여자를 만난 것은.

용서는 신이 아니라
인간이 한다

여자는 "새로 시작할 거"라며 내려와 터를 잡았다. 여자에게는 아이가 있었다. 남편은 세상을 떠났다. 어떤 아픔이 있어 내려왔는지 알 수 없지만 사연 없는 사람, 어디 있을까, 애써 묻지 않는다.

한때 터무니없이 알량한 도시인의 우월감을 드러냈던 여자였다. 지나간 사연과 아픔에 대해 묻지 않기로 한 바, 그걸 보고 무어라 하는 것도 괜한 일이다. "속물 같아요"라고 말하는 여자를 바라보며 그저 웃기만 한 진짜 이유도 그것이었는지 모른다.

그런 여자에게 어느 날 감당해낼 수 없는 고통이 찾아왔다. 여자는 무참하게 아이를 잃었다. "아무도 아는 사람이 없는 곳"이어서 좋다던 땅은 한순간 여자에겐 더할 수 없는 지옥이 되어 버렸다. 아이를 해한 놈을 한 대 쥐어박으려 하는데, 여자는 놈의 시선을 피한다.

왜일까.

그러고서 여자는 새끼를 잃은 원통함으로 가슴을 쥐어뜯고 주먹으로 내리치며 목을 놓는다. 통곡은 마치 비명 같다. 대체 온통 꽉 막혀서 도무지 풀어낼 수 없는 가슴의 고통은 얼마만한 크기를 지닌 것일까. 짐작할 뿐이지만 또 묻지 않는다. 그 고통을 조금이라도 덜어주겠다는 섣부른 말도 건네지 않는다. 아니 못한다. 그런 어설픈 배려와 물음이야말로 여자에겐 또 다른 고통이 될지도 모를 일이다.

여자는 목을 놓은 통곡 속에서, 통곡 끝에서 살아났다. 다만 시퍼렇게 멍든 가슴은 그대로인 채, 겉으로는 드러나지 않았다. 그것만으로도 다행이었다.

여자는 교회에 나갔다. "누가 짓누르는 것처럼 가슴이 아팠는데, 평화를 얻었다"면서 여자는 교회를 찾았다. 여자를 따라 교회에 함께 나가 예배를 드렸다. 교회 앞 도로에서 주차 관리도 자원했다. 여자는 때로 "정말 믿음이 있느냐. 지금 하나님 앞에 맹세할 수 있냐"고 다그치기도 했다. 하지만, 그래도 좋았다. 면박을 주면서도 애써 피하지 않으니 얼마나 고마운 일인가. 여자가 편안함을 얻고, 덕분에 다시 일상으로 돌아갈 수 있다면 그것만으로도 애틋함의 시선엔 행복한 일이 아닌가.

하늘 맑은 날이었다. 여자가 정신을 잃은 것은.

용서를 통해 스스로 구원받는
인간이라는 존재

여자는 교도소를 찾아가 아들의 목숨을 앗아간 놈을 용서하려 한다고 했다. 그러나 놈은 말했다. "하나님이 이 죄 많은 놈에게 손 내밀어주시고 그 앞에 엎드려 지은 죄를 회개하도록 하고 죄를 용서해주셨다."

여자는 끝내 정신을 잃었다. 아이를 잃은 직후 놈의 시선을 피했던 건 어떤 공포 같은 것 때문이었을까. 여자는 쓰러지고 말았다.

그로부터 여자는 달라지기 시작했다. 여자는 자신이 아직 용서하지 않은 무참한 가해의 행위를, "어떻게 하나님이 먼저 용서할 수 있나"며 절규했다. 피해의 당사자도 아니면서 어이없게도 용서의 손을 먼저 내밀었다니. 그리고는 "너한테 안 져. 절대 안 져!"라며 앙갚음을 다짐했다.

하지만 앙갚음의 대상은 눈에 보이지 않아서, 스스로 피폐해지는 길을 택할 수밖에 없었던 것일까. 자신의 심신에 어쩌면 오래도록 지워지지 않을 깊은 생채기를 내고서야 감당해낼 수 없는 고통에서 벗어날 수 있으리라는 허망한 결심을 했던 때문이었을까. 그건 도저히 받아들일 수 없는 현실의 고통에서 이제는 헤어나고 싶다고 말하는 것처럼 보였다. 그렇지 않고서는 스스로 감당해낼 수 없어 오로지 피폐함으로써 야위어 갈 수밖에 없음을 알아달라고 말하는 듯했다.

하늘 맑은 날이었다. 여자는 끝내 스스로를 그어버렸다.

고통에서 잠시 놓여나 여자는 잠에 빠져들었다. 알 수 없는 깊이를 감춘 고통의 늪 속에서 허우적거리는 여자의 머릿결에선 어떤 냄새가 날까. 코를 가져다 댄 순간, 아련한 현기증이 인다. 여자가 스스로를 그어버릴 때 느꼈을지 모를, 가슴 데일만큼 뜨겁게 고통스러웠을 어지럼증은 결코 아니었을 거다. 하지만 적어도 애처로움을 저버릴 수 없으니, 이 가련한 여자의 곁을 지켜줄 수 있다는 것만으로도 다행이었다.

여자는 머리카락을 자르고 싶다고 했다. 머리카락이라도 잘라 잠에 빠져들기 전 아픔과 결별했으면 좋겠다는 작은 욕망처럼 보였다. 그건 대단히 자연스럽고 당연한 것이었다. 사람은 그렇게 또 살아지는 것일지도 모른다. 하지만 현실과 삶이 불현듯 안겨준 고통이 어디 그리 쉽게 사그라지던가. 잊고 또 잊고 싶은 지옥 같은 현실의 아픔은 새록새록 치밀어 오르기만 한다. 그럴 때 신은 무슨 권리가 있어 사람의 세상을 간섭할 수 있을까.

여자는 스스로 머리카락을 잘라내기 시작했다. 옆에 서서 거울을 들어주기로 했다. 거울을 들어 여자가 자신의 머리카락을 제대로 잘라낼 수 있도록 도와주고 싶었다. 여자는 무심한 표정으로 머리카락을 가위로 싹둑거렸다.

　　하늘 맑은 날이었다. 사각사각 잘려진 여자의 머리카락이 하늘거리는 봄바람에 날려 땅에 살포시 떨어져 내려앉은 것은.

　　하늘 맑은 날이었다. 맑은 하늘로부터 내려온 빛이 마치 뭔가를 숨겨둔 것처럼 땅을 비추지만 그래도 그만한 한 줌의 볕과 그림자를 만들어 내보인다는 사실을 알게 된 것은.

시(2010)

감독 | 이창동
주연 | 윤정희

"기도합니다. 아무도 눈물은 흘리지 않기를.
내가 얼마나 사랑했는지 당신이 알아주기를."

그을린 사랑(2010)

감독 | 드니 빌뇌브
주연 | 루브나 아자발, 멜리사 디소르미스 폴린

절대 용서할 수 없지만, 그래서 사랑은 기어이 진실을 드러내는가

영화〈밀양〉은?

2018년 칸 국제영화제에서 신작〈버닝〉으로
국제비평가연맹상을 받은 이창동 감독의 2007년도 작품이다.
세상을 떠난 남편의 고향, 경남 밀양에 정착하려다
아들을 무참히 잃은 여자의 고통, 이를 바라보며
그 곁을 맴도는 남자의 애처로움.
이를 통해 구원과 용서의 의미를 물었다. 새끼 잃은 어미의 더없는
고통을 온몸으로 토해낸 전도연에게 2007년 칸 국제영화제는
여우주연상을 안겨주었다.

4등

'남보다'가 아니라
'전前보다'

 2018년 9월 2일 막을 내린 2018 자카르타·팔렘방 아시안게임에서 770명의 대표 선수단은 중국과 일본에 이어 한국이 여전히 아시아 스포츠 강국임을 입증했다. 카누 용선 남녀팀과 여자농구팀 등 '코리아'라는 이름으로 나선 남북단일팀의 활약도 눈부셨다. 물론 메달리스트들에게만 환호와 박수를 보낼 일은 아니다. 대회에 참가한 모든 선수와 코칭스태프도 승자다. 더는 '1등만 기억하는 더러운 세상'이 아니며, 결코 쉽게 이룰 수 없는 은메달의 영광으로도 침통한 표정을 지은 채 고개를 숙이던 과거의 안타까움과도 결별한 지 오래다.

선수들에게 향할 마땅한 박수는 이들이 오랜 시간 흘린 땀과 눈물에 대한 찬사다. 오로지 승리를 위해, 자신의 꿈과 목표를 향해 쉼 없이 뛰고 달려오는 과정에서 이들이 흘렸을 땀과 눈물의 양은 대체 얼마일까. 꿈과 목표는 그래서 이를 이루려는 이들의 것이어야 한다. 꿈과 목표는 이루려는 자들 이외에, 누구도 강요할 수 없는 것이다. 거기에 끼어들 권리를 가진 사람은 아무도 없다. 권리란 공정한 경쟁과 경기의 규칙 안에서 끊임없이 자신을 단련해온 이들만의 것이다.

운전은 제가 할 테니
어머니는 선로나 봐주세요

그렇지만 무수한 꿈과 목표는 왜곡되기 십상이다. 공정한 경쟁의 규칙이 허물어진 또는 허물어졌다고 여겨지는 시대에는 더욱 그렇다. 규칙이 허물어졌는데 이를 새롭게 정비하고 또 다져가야 할 노력은 뒤로 한 채, 오로지 설정한, 아니 이미 왜곡되어 버린 꿈과 목표를 향해 달려가라고 채찍질하는 이들은 또 얼마나 많은가. 채찍의 날카로운 뼈아픔을 애써 참아가며 스스로 설정하지 않은 꿈과 목표만을 향해가는 일은 고통스럽다. 이루려는 꿈과 목표, 하지만 애초 자신의 것이 아닌 것만 같은, 그래서 왜 그것을 이뤄야 하는지조차 알지 못한 채 무조건 내달려 나아가야 하는 길 위에서 무수하게 스러진 꿈은 또 얼마인가.

태평양전쟁이 극단으로 치달으며 일본에 패망의 기운을 안겨주던 1944년 5월. 이제 갓 중학생이 된 14살 소년 이치로는 어머니 하타노 이소코와 편지를 주고받기 시작했다.[1] 학교생활, 친구 또는 형제와 겪는 갈등, 일탈에 대한 작은 욕망 같은 일상에서부터 전쟁과 인생 등 아들은 자신이 바라보는 더 넓은 세상에 관한 고민을 편지에 담았다. 글을 통한 모자의 대화는 1948년 이치로가 상급학교에 진학하기까지 4년 동안 이어졌다. 놀라운 점은 그 사이 드러나는 현실과 세상을 바라보는 이치로의 시선과 내면의 변화다. 전쟁이 끝난 이듬해인 1946년 이치로는 많은 이들이 보편적이라고 말하는 가치와 기준을 두고 혼란스러움 속에서 이렇게 썼다.

"옛날 사람들이 얼마나 훌륭했는지 모르겠지만, 한 명의 인간으로부터 그렇게 간단히 보편적인 진리가 만들어질 리 없습니다. 그저 스스로가 진리라고 여기는 이야기에 불과할 거예요. 그래서 저도 매 순간 나만의 진리를 만들어 가려고 합니다. 그렇다고 제가 자신 있다는 이야기는 아니에요. 저라는 전차가 탈선으로 사고가 날지도 모르고요. 그러니 전차가 고장 나지 않게끔 어머니가 잘 정비해 주세요. 그렇다고 브레이크를 밟지는 말아 주세요. 운전은 제가 할 테니 어머니는 선로나 봐 주세요. 튼튼한 선로를 만들어 무사히 종점까지 갈 수 있게 해 주세요."[2]

어머니는 앞을 향해 내달리는 아들이라는 전차의 '브레이크를 밟지' 않았다. 아들의 바람대로 전차를 잘 정비하고 선로를 봐주었다. 이치로는 아들의 온갖 투정을 이해하며 온전하게 있는 그대로 바라봐준 어머니의 믿음 덕분에 매우 자연스러운 성장의 과정을 지날 수 있었다. 어머니는 "시험은 합격 여부가 중요하지 않아요. 모든 공부는 헛되지 않기 때문이죠. 이치로 나이 때는 무엇이든 힘닿는 데까지 부딪쳐 보는 게 좋습니다. 물론 이치로가 허우적거리는 모습을 보면 가엾기도 하지만 그런 경험이 결국 정신적 성숙을 가져올 거예요"라며 "엄마는 그렇게 생각하고 즐거운 마음으로 기다리고 있겠어요."[3]라고 말했을 뿐이다.

모두가 각자 잘하는 일을 찾고
서로를 인정하기를

70여 년 전 아이와 어머니가 주고받은 편지의 교훈처럼, 아이들의 성장은 결코 닦달해서 될 일이 아닐 것이다. 하지만 아이들의 성장이 닦달해야만 이뤄진다고 믿는 어른은 수없이 많다.

대회마다 4등에 머물고 마는 어린 아들의 꿈과 목표에 엄마가 기어이 그리고 끊임없이 개입하는 것도 그런 탓이다. 아들이 폭력적 체벌의 위기에 놓이는 상황 앞에서 이를 애써 무시하는 데에까지 이른다. 그럴 때 오로지 메달만이 꿈과 목표인 것은 엄마의 욕망 때문인가, 아니면 아들의 현실적 가능성 때문인가. 어쨌거나 엄마의 꿈과 목표 안에서 메달은 3등 안에 들어야 목에 걸수 있으며, 그것은 그저 조금 더 빨리 나아가 남들과 경쟁에서 이길 때 가능한 일이다.

바티칸 대법원 로타 로마나 변호사인 한동일 신부는 《라틴어 수업》에서 유럽 대학 교수들이 학생의 성적을 매길 때 쓰는 라틴어식 표현을 소개했다. "Summa cum laude(숨마 쿰 라우데) / Magna cum laude(마냐·마그나 쿰 라우데) / Cumlaude(쿰 라우데) / Bene(베네)"로 나뉘는 성적 표기는 각각 '최우등 / 우수 / 우등 / 좋음·잘했음'을 뜻한다.[4] 한 신부는 "평가 모두가 긍정적인 표현"

이라면서, 이는 "잘한다 / 보통이다 / 못한다 식의 단정적이고 닫힌 구분이 아니라 '잘한다'라는 연속적인 스펙트럼 속에 학생을 놓고 앞으로의 가능성을 열어두는"[5] 것이라고 말했다. 그럴 때 "학생들은 남과 비교해서 자신의 위치에 대해 우월감을 느끼거나 열등감"을 느끼지 않고 "스스로의 발전에 의미를 부여해 남보다 잘하는 것이 아닌 '전보다' 잘하는 것을 중요하게 생각"[6]하게 된다고 밝혔다.

◆

어른들은 자신들이 그토록 찬양해온 선진 유럽의 대학과 교수들의 라틴어식 성적 표기법과 의미를 일찍이 알고 있었을까, 몰랐을까. 그런 어른들의 개입 속에서 아이들은 이미 자신들이 '전보다' 잘할 수 있는 것을, 온전히 자신들이 것이 되어야 할 꿈과 목표를 잃어가는 위태로운 현실 위에 서 있다.

박화영 (2018)

감독 | 이환
주연 | 김가희

10대의 상처, 세상은 얼마나 보듬어줄 수 있을까

1, 2, 3 하타노 이소코 지음, 《소년기》, 정기숙 옮김. 우주소년, 2018년
4, 5, 6 한동일 지음, 《라틴어 수업》, 흐름출판, 2017년

영화 〈4등〉은?

초등학생 준호는 수영에 재능과 실력을 지녔지만,
대회에서는 늘 4등에 머물고 만다. 엄마는 국가대표 출신으로
'천재'라 불린 광수를 코치로 내세운다. 광수는 폭력적 체벌로
준호를 몰아가고, 결국 준호는 꿈을 포기해야 하는 위기에 놓인다.
정지우 감독의 2016년작. 엘리트 스포츠의 허상,
폭력적 교육 시스템, 지나친 경쟁과 성적 지상주의 등
현실의 부조리함을 고발한 수작이다. 코치 역 박해준,
엄마 역 이항나와 준호 역의 유재상 등이 호연을 펼쳤다.

명량

장수將帥의

단 한 가 지 할 일

이순신이 어머니의 원통한 부음을 접한 건 1597년 음력 4월 13
일이었다.

전란의 와중에 이순신은 그해 3월 초(이하 음력) 삼도수군통제
사에서 파직됐다. 겨우 목숨을 구해 4월 초하루 풀려났다. 임금
선조는 아무런 직책도, 직급도 주지 않은 채 도원수 권율의 휘하
에서 싸우라고 그에게 명했다. 백성 된 자로서, 전란에 맞닥뜨린
전직 군인으로서 이순신은 임금의 명을 받들었다. 그리고 한양
의금부에서 출발해 초계(경남 합천)의 도원수부까지 1,630리(640킬

로미터)에 달하는 길을 나섰다.

1597년 4월 13일

맑다.

(중략)

종 순화가 어머님이 돌아가셨다는 소식을 전했다.

전라좌수영(전남 여수)에 머물던 어머니는 '백의종군'의 길 위에 나선 아들이 충남 아산으로 향했다는 소식을 듣고 배에 올랐다. 법성포(전남 영광)와 안흥(충남 태안)을 거쳐 풍랑을 헤치며 바다를 내달렸다. 83세의 노구는 병이 나고 말았고, 결국 아들의 얼굴도 보지 못한 채 세상을 떠났다.

1597년 9월 9일

맑다.

(중략)

나는 비록 상복을 입은 몸이지만 여러 장수와 군졸들이야 먹이지 않을 수 없었다. 그래서 제주에서 끌고 온 소 다섯 마리를 녹도, 안골포 두 만호에게 주었다.

봄날 강남에서 날아온 제비가 다시 돌아가는 날, 중양절重陽節. "손꼽히는 명절"을 그는 뭇 백성과 함께 즐길 수 없었다. 어머니를 먼저 떠나보낸 죄인으로서 상복을 벗으면 안 되었다. 무엇보다 그해 8월 수군삼도통제사에 복귀한 터여서 적의 침입과 공격에 대비해야 했다. 이미 중양절 이틀 전 13척의 적선이 아군의 진영으로 다가왔다. 중양절 당일에도 "어란포(전남 해남)로부터 바로 감보도(전남 진도)로 와서 우리 수군의 수를 정탐하려고" 하는 등 적은 끊임없이 교란과 침입을 자행했다.

하지만 장수에게 슬픔이나 개인적인 감정은 오로지 속으로, 속으로만 삭여야 하는 것이었다. 전란의 와중에 겪은 당쟁이라는 어이없는 조정의 혼란, 수많은 휘하의 목숨이 내걸린 전선을 지키지 못한 장수의 무력감, 거기에 더해 어머니를 잃은 아픔. 이순신의 가슴은 찢어질 듯 고통스럽기만 했다.

어머니가 떠나가던 날 방을 뛰쳐나가 슬퍼 뛰며 뒹굴었더니 하늘에 솟아 있는 해조차 캄캄하였을 만큼, 애끓는 심정은 지워지지 않았다. 중양절 다음 날 이순신은 "날씨가 흐리고 비가 올 것 같았다. 혼자 배 위에 앉아서 어머니에 대한 그리움에 눈물을 흘렸다. 이 세상에 나와 같이 외로운 사람이 또 어디 있으랴."라며 속으로, 속으로만 통곡할 수밖에 없었다. 그렇게 하는 것만이 전란에 처한, 전선을 지켜내야 하는 장수로서 마땅한 심정의 처리였다. 그것 외에 어디에도 이순신 개인은 존재할 수 없었다. 그래서도 안 되었다. 그것이 장수였다.

> 1597년 9월 15일
> 맑다.
> (중략)
> 여러 장수를 불러 모아서 "병법에 이르기를 '죽으려 하면 살고 살려고 하면 죽는다' 하였고 또 '한 사람이 길목을 지키면 천 명도 두렵게 할 수 있다'는 말이 있다.…"하고 엄하게 약속하였다.

이순신이 삼도수군통제사로 복귀하기 직전인 7월 초중순 조선 수군은 칠천(경남 거제)에서 대패했다. 수군은 두려움에 떨었다. 살아남은 배는 단 12척. 벽파진(전남 진도)에 진을 친 이순신과 휘하들 앞에 나타난 적선은 130여 척이었다. 9월 16일이었다. "온 배에 있는 사람들이 서로 돌아다보며 얼굴빛이 하얗게 질려 있었다." 전 경상우수사 배설은 칠천 대패의 문책을 피하려 했고, 그달 초이틀 새벽에 도망갔다. 130여 척의 적선 앞에서 "우수사 김억추가 탄 배는 멀리 떨어져 가물가물"했다. 여러 장수는 양쪽의 수를 헤아려 보고는 모두 도망하려는 꾀만 내고 있었고, 그들의 배는 이미 1마장(353미터) 정도 물러났다. 이순신은 홀로 나섰다.

"내 배가 머리를 돌리면 여러 배가 점점 더 멀리 물러나고 적들이 다 덤벼들 것 같아서 나가지도 돌아서지도 못할 형편이 되었다."

그렇게 나아가는 이순신을 결국 미조항 첨사 김응함과 거제 현령 안위 등이 뒤따랐다. 마침내 휘하들은 "우리 배들이 적을 물리칠 수 있다는 것을 알고 일제히 북을 올리고 함성을 지르면서" 적선을 쫓았다. 31척의 적선이 부서지며 침몰했고, 적들은 쫓겨 도망쳤다. 앞서 도망하는 휘하들을 바라보며 이순신은 군법과 군율에 의거해 "먼저 목을 베어다가 내걸고" 싶었다. 하지만 이순신은 홀로 나섰다.

군법과 군율은 냉엄한 명령체계이다. 동시에 위아래 사이 가장 유효하고 강력한 소통의 길이기도 하다. 다만 명령은 합리적이고 상식적이며 온당해야 한다. 합리적이고 상식적이며 온당한 위의 명령을 아래가 마땅한 이행의 의무로 받아들일 수 있을 때에만 소통은 가능해진다. 그렇게 군법과 군율은 위와 아래가 동의하고 받아들임에 주저하지 않는 것이어서, 전선의 위태로움에 놓인 위와 아래를 서로 살려내는 유일한 무기가 될 것이다.

◆

적의 침입과 교란의 때마다 이순신은 진영의 최선두에서 그에 맞섰다. 합리적이고 상식적이며 온당한 명령에 앞서 스스로 적 앞에 당당히 나아갔다. 휘하들이 따르지 않을 수 없었다. 군법과 군율의 목적은 바로 그것이다. 명령과 소통으로써 서로가 서로를 살려낼 유일한 무기가 정비되었다면, 장수는 이제 맨 앞에 나아가야 한다. 이순신은 말했다.

"두려움을 용기로 바꿀 수만 있다면!"

(영화 〈명량〉 중에서)

백성과 휘하들이 두려움에 떨 때 홀로 그 앞에 나서며 목숨을 내걸어 처절한 싸움을 마다하지 않는 사람, 장수다. 명령과 소통의 엄정함과 그 진정한 의미를 오롯이 지켜내는 것. 그것이 장수의 단 하나 할 일이다.

라스트 캐슬(2002)

감독 | 로드 루리
주연 | 로버트 레드포드

정의롭지 않은 신념의 성城, 결국 허물어지다!

올드보이(2003)

감독 | 박찬욱
주연 | 최민식, 유지태

명실상부한 최민식의 대표작. 세 치 혀가 몰고 온 복수의 파국

---

* 세명조(인용부분) 및 큰따옴표 부분은 서해문집 출간 《난중일기: 임진년 아침이 밝아 오다》(이순신 지음 · 송찬섭 엮어옮김, 2004년)에서 인용했음을 밝힌다.

영화 〈명량〉은?

1597년 9월 이순신과 그가 이끈 조선 수군이
왜군에 맞선 명량해전을 그렸다. 그해 7월 수군이
칠천량해전에서 대패한 뒤 이순신은 삼도수군통제사로
복귀했고, 남은 전선戰船 12척으로 왜군 133척에 맞서 싸워
승리했다. 김한민 감독의 2014년 작품. 1,700만여 관객을
불러 모으며 역대 최고 흥행작 자리를 지키고 있다.
최민식이 이순신 역을 맡아 전선에 나선 진정한
장수의 모습으로 관객의 압도적인 지지를 얻었다.

공공의 적

미친 세상 엎어치기

"내 생각으로는 나 자신이 악인이라고는 여겨지지 않는다. (…) 그들에게 무슨 꿍꿍이속이 있는 것 같았지만 나로서는 전혀 짐작해낼 수가 없다. 심지어 그들은 화가 나서 안면을 바꿀 때면 으레 남들 보고 악인이라고 쏘아붙이는 판이다."[1]

세상과 사람들로부터 '악인'으로 낙인찍혔다. 하지만 정작 장본인이 보기에 오히려 세상과 사람들이 되레 악인일 뿐이다. 그것도 "사람이 사람을 잡아먹는", '식인食人'의 흉포한 자들이다.[2]

장본인은 사람이 사람을 잡아먹는다는 사실이 옛날부터도 종종 있어 왔음을 알고 있었다. 그는 "비뚤비뚤하게 '인의 도덕仁義 道德' 이란 몇 자만 씌어" 있었던 역사책을 "밤새도록 자세히 살펴본 결과 그제야 글자와 글자 사이에 온통 '식인'이란 두 글자가 빽빽이 박혀 있음을" 알았다.[3]

오랜 세월 밤잠을 이루지 못한 채 역사책을 들여다본 것은 "만사는 연구를 해보아야만 명백해지는 법"[4]이라 믿기 때문이었다. 그 끝에서 그는 세상과 사람들이 지닌 식인의 실체를 알아챘다. 하지만 세상과 사람들은 그를 미치광이로, 식인의 피해에 대한 그의 의심을 피해망상쯤으로만 여겼다. 피해망상 가득한 미치광이의 시선이 세상과 사람들에게 온전히 비칠 리 없었으니, 장본인은 그저 일기로써 이를 기록할 뿐이었다.

세상과 사람들로부터
악인이자 광인으로 내몰린 사람

중국 현대문학의 아버지로 평가받는 루쉰은 1918년, 피해망상증에 시달린 외사촌 동생을 모델 삼은 소설《광인일기狂人日記》를 통해 세상과 사람들로부터 악인이자 미치광이로 내몰린 한 남자의 이야기를 그렸다. 작가이면서 혁명가이자 사상가였던 루쉰을 연구한 신영복 전 성공회대 석좌교수와 유세종 한신대 명예교수가 번역한 책《루쉰전-루쉰의 삶과 사상》에서 왕스징 전 루쉰박물관 관장은《광인일기》를 이렇게 설명했다. "사람을 잡아먹는 구 사회 제도를 반대한 '미친 사람'의 일관된 행위를 통하여 추악한 봉건사회를 한 폭의 생생한 그림으로 독자들 앞에 펼쳐 보이고 있다."[5] "중국 봉건사회의 가족제도와 예의와 도덕의 해악을 적나라하게 폭로"하며, "몇천 년 동안 지속되어 온 봉건제도에 대하여 날카롭고 신랄한 비판"[6]의 시선을 담았다는 설명이다. 광인이 밤잠 설쳐대며 훑어본 역사책 속 식인은 바로 그 봉건제도에 대한 은유였다.

　루쉰은 열강제국의 야욕으로 위기에 놓인 중국 청 왕조를 무너뜨리고 민주공화정을 세우려던 1911년 신해혁명 이후 현실을 의미심장하게 들여다보았다. 군벌세력이 몰고 온 반혁명의 그림자에 온전한 세상을 일궈내려는 수많은 사람의 꿈은 허물어졌다. 군벌의 권력욕은 기어이 봉건사회의 폐습을 되돌려 놓으려는 방향으로 향했다.

　루쉰은 그런 세상을 '광인'의 시선이 아니고서는 제대로 볼 수 없다고 말했던 것이다. 그리고 "아직도 사람 고기를 못 먹어본 어린이가 있을까?"라면서 "아이들을 구하라…."[7]라고 썼다. 미쳐가는 세상을 구하기 위해 청년을 비롯한 새로운 세대에게서 희망을 찾으려 했다. 정말 온전치 못한 시선이 아니고서는 온전치 못한 세상을 온전히 들여다볼 수 없는 것일까.

2001년 9월 11일 미국 뉴욕의 세계무역센터 건물이 이슬람 극단주의 무장세력의 테러로 무너져내렸다. 2,900여 명의 사상자와 실종자가 발생했다. 테러의 배후로 오사마 빈 라덴과 그가 이끄는 알카에다 조직이 지목됐다. 사태는 오사마 빈 라덴을 비호한다는 의심을 받은 아프가니스탄에 대한 미국의 공격으로 이어졌다. 이스라엘과 팔레스타인의 갈등이 극에 달하던 때였다.

그러는 사이 세계 경제는 깊은 침체의 늪에 빠져들었다. 1973년 1차 석유파동 이후 처음이었다. 1997년 닥쳐왔던 IMF 외환위기에서 갓 빠져나온 한국에도 영향이 미쳤다. 이미 강력한 경제적 구조조정으로 수많은 실업자가 거리를 떠돌던 시기, 신자유주의로 떠밀려가는 세계적 흐름과 물신주의를 강요하는 상황에서 한국도 빠져나오지 못했다. 한 해 전 남북정상회담으로 평화의 기운이 정착하는가 싶었던 한반도 분위기는 조지 부시 행정부의 대북 강경책에 휘말려 다시 경색됐다. 동시에 권력형 비리를 뜻하는 갖은 '게이트'가 연이어 세상을 뒤흔들었다.

영화로 세상을
풍자하는 방법

21세기, 새로운 희망의 시대가 열리리라 믿었던 세상 사람들에게 이 같은 세기 초의 풍경은 앞선 세기의 그것과 별다를 것 없이 또 한 번 혼란감을 안겨주었다.

그때 나타난 한 사내. '기계공고 다니다 커닝해서 꼴등에서 두 번째 했던' 아시안게임 복싱 은메달리스트 출신의 특채 경찰관, '강동경찰서 강력반 강철중' 형사다. 남들이 두 계급 진급할 동안 두 계급 강등된, 수사지침서에 적힌 갖은 수사기법을 숙지하기는커녕 압수한 마약을 되팔려는 비리 경찰관이다. "돈이 없다 그래서 패고, 말 안 듣는다 그래서 패고, 어떤 새끼는 얼굴이 기분 나빠, 그래서 패고! 이렇게 얻어맞은 애들이 4열 종대 앉아 번호로 연병장 두 바퀴"라고 허풍을 떨 만큼 무지막지하기까지 하다.

그런 그가 부모를 무참히 살해하고 아무런 이유 없이 사람을 죽이는 사이코패스 살인마의 실체를 단박에 알아차렸을 때, 세상은 그를 온전치 못한 '또라이'라 낙인찍었다. 경찰관의 사명감을 지켜내기는커녕 아무 일도 하지 않는다는 그였으니, 세간의 시선이야 무리가 아니었을지 모른다. 살인마는 물신의 세상이 낳은 돌연변이였다. 증권사 임원인 그에게는 오로지 돈만이 자신이 바라보는 세상과 사람의 기준이었다. 선량한 부모의 재산은 그저 맹목적으로 탐해야 하는 대상일 뿐이었다. 이를 나무라는 부모는 더는 부모가 아니었다.

이런 돌연변이에 맞서기 위해서는 '또라이'의 시선을 지니지 않고서는 안 되는 것이었다. 대체 아무런 이유도 없이 사람을 죽여대는 돌연변이의 미친 짓에 맞서려면 그만큼 무지막지함만이 필요했다. 돌연변이를 때려눕힌 뒤 그 몸 위에 자신이 되팔려던 마약을 끼얹어 통쾌한 복수의 한 판을 마감하고는 "양친 살해가 100년에, 아무 관계도 없는 사람 재미로 죽인 죄 100년, 민주 경찰에 칼 들이댄 죄 15년, 다량의 마약 소지죄 추가! 사형!"이라며 제멋대로 판결을 내릴 때, 세상은 비로소 이 '또라이' 형사의 무지막지함에 지지의 박수를 보냈다. 강철중의 무지막지함은 바로 물신의 세상에 대한 통렬한 복수를 가능하게 한 또 다른 힘이었을 게다.

◆

"한 발짝만 물러서서 다시 생각해보면 이런 끔찍한 사태는 그 즉시 개선될 수 있으며 그렇게 되면 사람들은 누구나 평화로울 수 있지요. 비록 그것은 옛날부터 그랬다손 치더라도 오늘 우리들은 각별히 선해져야 할 필요가 있습니다."[8]라는 광인의 말. "당신들은 개과천선할 수 있소. 그것도 진심에서부터 말이오. 장차 세상은 사람을 잡아먹는 자를 용납지 않을 것이며 그런 자들이 이 세상에 살아 있는 것조차 용인하지 않을 거라는 점을 명심하시오."[9]라는 광인의 경고.

온전치 못한 세상을 온전치 못한 시선으로 바라보며 온전해야 할 세상을 드러내고자 했던 강철중이야말로 바로 그 광인이 아닐까.

그렇게 시선을 비틀어 세상을 바라보려는 것, 영화로써 세상을 풍자한다는 것. 강철중이 바로 그 주역이었다.

연관 검색 영화

이끼(2010)

감독 | 강우석
주연 | 정재영, 박해일

선과 악은 어떻게 구분할 수 있는가. 미장센이 궁금하다면
이 영화를 보라

1, 2, 3, 4 루쉰 지음, 《아Q정전·광인일기》, 정석원 옮김, 문예출판사, 2014년
5, 6 왕스징 지음, 《魯迅傳(루쉰전)-루쉰의 삶과 사상》, 신영복·유세종 옮김, 다섯수레, 1992년
7, 8, 9 루쉰 지음, 《아Q정전·광인일기》, 정석원 옮김, 문예출판사, 2014년

영화 〈공공의 적〉은?

'흥행 승부사' 강우석 감독의 2002년 작품.
이전에도, 이후에도 쉽게 찾아볼 수 없는 강철중이라는
개성 강한 형사 캐릭터로 세상을 풍자했다. '사이코패스'라는
개념조차 희미하던 시절, 극 중 연쇄살인범의 실체를 드러내며
장차 다가올 흉악한 세상을 경고했다. 설경구가 연기한 강철중은
이후 〈공공의 적2〉와 〈강철중: 공공의 적1-1〉로 나아가며
한국 시리즈 영화의 강렬하고도 대표적인 캐릭터를 완성했다.

광해, 왕이 된 남자

정치, 그것은 옳고 그름인가

"서울 문밖에서 몇 십리만 떨어져도 태고처럼 원시사회가 되어 있는데 하물며 멀고먼 시골이랴? (중략) 오직 서울의 십리 안만이 가히 살 수 있다. 만약 집안의 힘이 쇠락하여 서울 한복판으로 깊이 들어갈 수 없다면 잠시 서울 근교에 살면서 과일과 채소를 심어 생활을 유지하다가 재산이 조금 불어나면 바로 도시 복판으로 들어가도 늦지는 않다."[1]

예나 지금이나 '인in 서울'은 세상살이에 매우 중요한 방책인가

보다. 다산 정약용마저 두 아들에게 이같이 당부했으니 말이다. 다산은 1801년 귀양을 떠나 "죄인이 되어 너희들에게 아직은 시골에 숨어서 살게 하였다."라고 말하며, "앞으로의 계획인즉" 두 아들이 서울 또는 "서울 근교"를 떠나지 않기를 바랐다.[2]

예나 지금이나 서울?

하긴, 다양한 통계는 '인 서울'의 욕망을 고스란히 드러낸다. 통계청 자료에 따르면 2019년 7월 1일 기준 전국 인구는 5,170여 명이다. 이 가운데 서울을 중심으로 한 수도권 인구는 50%에 육박하는 2,584만여 명(49.98%)이다. 이에 따라 사상 처음으로 수도권 인구가 지방을 앞지를 가능성이 커졌다.[3]

국가균형발전위원회가 2018년 10월 내놓은 자료에 따르면 수도권은 우리나라 전체 국토 면적(10만 387km^2)의 11.8% 넓이에 불과하다. 이 공간에 전체 인구의 절반가량이 몰려 살고 있는 셈이다. 같은 자료는 전국 1,000대 기업의 본사 가운데 무려 74%가 수도권에 밀집해있다고 보고했다. 또 매달 신용카드 사용액의 80%가 수도권에서 결제되고 있다. 일자리 문제 역시 심각해서 신규 고용의 65%가 수도권에서 이뤄진다.[4]

그러니 사람들은 살기에 팍팍하더라도 서울로, 서울로 몰려든다. 서울과 지방의 집값 차이도 벌어질 수밖에 없다. 2018년 9월 21일자 경향신문[5]은 "1998년 8월 대비 2018년 8월의 아파트 매매가격 상승률은 전국이 168.32%"였지만, "서울이 237.49% 오르는 사이 6대 광역시는 159.56% 상승에 그쳤다."라면서 "집값이 지역에 따라 '악어의 입'처럼 벌어지기 시작"했다고 지적했다. 집값이 치솟을 때마다 정부가 대책을 내놓지만, 종합부동산세나 보유세 등 관련 세금 논란이 잦아들지 않는다.

《홍길동전》의 작가이면서 조선 광해군 시대의 정치가이자 학자였던 교산 허균은 한때 이를 옳고 그름의 문제가 아니라 정치일 뿐이라고 말했다. 당파 싸움이 끊이지 않는 상황 속에서 권력을 장악하려는 자들에 맞서 임금인 광해를 지키려는 신하였던 그로서는 "하나를 주고 하나를 얻는" 현실정치를 외면할 수 없었을지 모른다.

광해는 자신을 해하려는 세력으로부터 스스로를 지키기 위해 엉뚱한 자를 바람막이로 내세웠다. 허균은 광해의 계책을 따랐다. 광해군 8년(1616년)이었다. 허균은 광해와 똑같이 생긴 저잣거리의 만담꾼 하선을 용상에 앉혔다. 진짜의 자리에 앉은 가짜는 허균의 명을 따라 교지를 내리고, 일종의 조회인 상참을 주재했다. 그러는 사이 가짜는 백성을 멀리 두고 오로지 헛된 '사대의 예'만을 앞세워 당파의 이익을 취하려는 세력을 목격하는데, 그 것은 누군가에겐 "정치일 뿐"인, "옳고 그름의 문제"를 명확히 구 분케 하는 역설이 되었다.

허균이 정치라고 말한 것은 대동법의 처리 문제였다. 지역 특 산물로 세금을 대신하던 공납의 시대에 이를 제대로 낼 수 없는 백성들은 다른 곳의 물건을 사서라도 바쳐야 했다. 그 과정에서 이를 이용해 폭리를 취하려는 중간 상인이 등장하고 이들과 결탁 한 부패 관리도 적잖았다. 임진왜란 등 전란으로 인해 농사를 지 을 만한 경작지가 크게 줄어들기도 했다. 이에 조세 운용을 합리 화하고 그 기준을 더욱 명확히 하며 균등하게 세금을 부과하려는 시도가 이어졌다. 공납을 대신해 토지의 소유 정도에 따라 쌀로 세금을 내도록 하는 대동법도 광해의 아버지 선조의 시대에 맹아 를 틔웠다.

토지를 많이 가진 자들의 반발은 거셌다. 허균이 바라보는 정 치가 바로, 거기 있었다. 그는 적대적 세력에 대동법 포기라는 정 략을 내어주고 대신 왕을 지키고자 했을 것이다. 하지만 세금은 결코 정치가 될 수 없음을 가짜는 말했다. 가짜는 "땅 열 마지기 가진 이에게 쌀 열 섬을 받고, 땅 한 마지기 가진 이에게 쌀 한 섬 을 받겠다."라면서 대신들을 호통쳤다.

마땅히 현실에
뿌리내리고 살라

대동법 논쟁이 지나고 이듬해인 1618년 8월 허균은 역성혁명을 이유로 참수당했다는데, 그 이전인 광해군 3년(1611년) 이미 그는 귀양을 경험했다. 전라도 익산 함라마을(옛 함열현)이 유배지였다.[6] 함열은 금강의 성당포구가 자리 잡은 곳이다. 호남의 8개 지역 백성들이 세금으로 바친 곡식을 싣고 나르는 출발점이었다. 백성의 고혈은 황포돛배에 실려 포구를 나섰다. 하선은 '왕 노릇'을 마친 뒤 돛단배에 올라타 도망치듯 어디론가 떠나갔다. 그런 그를 바라보며 허균은 존경심으로 고개를 숙였다. 하선의 배가 나아가기 시작한 곳, 어쩌면 성당포구일까.

허균은 하선에게 이렇게 말한 바 있다. "백성을 하늘처럼 섬기는 왕, 진정 그것이 꿈꾸는 왕이라면 그 꿈, 내가 이뤄드리리다." 꿈은 이뤄지지 못했다. 허균의 꿈은 그저 한낱 이상에 불과했을까.

대신 저 멀리 포구를 바라보는 함라마을에는 광해를 몰아낸 세력에 의해 임금이 된 인조 아래서 신하로 일한 잠곡 김육이 살아 있다. 김육은 죽음 앞에서도 유서로써 대동법 실시를 주창했다. 호남평야의 중심에서 고혈을 짜내야 했던 백성들은 세상을 떠난 그를 기억하고자 '김육불망비金堉不忘碑'[7]를 세웠다. 이상을 품었던 허균이 한때 유배의 생활을 보냈던 곳에서 현실에 치열하게 맞서려 했던 김육은 그렇게 살아 숨 쉰다.

김육의 생각을 들여다보며 다산 정약용은 《경세유표》 등을 통해 조세 등 다양한 개혁 정책을 꿈꿨다. 그랬던 그가 정말 '인 서울'의 욕망으로써 아들을 가르치려 한 것일까. 그는 현실정치가 안긴 피할 수 없는 유배의 아픔 속에서 "옛날부터 화를 당한 집안에서 살아남은 사람들은 반드시 훌쩍 먼 곳으로 도망가 살면서도 더 멀고 깊은 곳으로 들어가지 못했음을 걱정하곤 한다."[8]라고 아들들에게 말했다. 그러면서 "재난당할 것을 두려워하여 먼 시골 깊은 산속으로 몰락하여 버림받는"[9] 어리석음을 범하지 말 것을 당부했다. "그늘진 벼랑 깊숙한 골짜기에서는 햇빛을 볼 수가 없으니 마침내 노루나 산토끼처럼 문명에서 멀어진 무지렁이들이 돼버릴 뿐"이며, 그래서야 "무식하고 천한 백성으로 일생을 끝마치고 말 뿐"[10]이기 때문이다.

◆

결국, 그가 말한 '서울 한복판'은 훗날 '재난당할' 위기가 닥쳐오더라도 바로 그 현실에 튼실하게 두 발을 딛고 서라는 의미가 아닐까. 정약용이 두 아들에게 가르치려 했던 그 의미를, 허균의 이상과 김육의 실천을, 치솟는 집값과 그로 인해 부과되어야 할 마땅한 세금을 둘러싼 오해와 논란의 현실에 새삼 비춰보게 되는 건 왜일까.

연관 검색 영화

남한산성 (2017)
감독 | 황동혁
주연 | 이병헌, 김윤석, 박해일

나라를 살리는 일, 무엇이 명분이고 무엇이 실리인가

번지점프를 하다 (2000)
감독 | 김대승
주연 | 이병헌, 이은주

한 방울 뚝 떨어지는 이병헌의 눈물. 솔 메이트의 눈물은
이은주에게도⋯.

1, 2 정약용 지음, 《유배지에서 보낸 편지》, 박석무 편역, 창작과비평사, 1991년
3 〈'극에 달한 수도권 쏠림'⋯총인구의 50% 첫 돌파〉, 한겨레, 2019년 8월 21일
4 송재호, 「한국의 국가균형발전의 현재와 미래」, 2018년 9월 17일 국가균형발전위원회 개원 40주년 기념 국제세미나 '균형발전 정책과 포용국토' 기조발제
5 〈고만고만하던 서울·지방 집값 차이, 20년간 '악어 입'처럼 벌어졌다〉, 경향신문, 2018년 9월 21일
6 〈익산 금강 곰개나루길 – 김화성 전문기자의 &joy〉, 동아일보, 2012년 10월 19일
7 〈먹고 싶은 음식 상상하며⋯귀양 간 허균의 '찌질'한 면모〉, 오마이뉴스, 2015년 1월
8, 9, 10 정약용 지음, 《유배지에서 보낸 편지》, 박석무 편역, 창작과비평사, 1991년
11 "숨겨야 할 일들은 조보에 내지 말라고 전교하다", 《조선왕조실록》 〈광해군일기〉 100권 광해 8년 2월 28일 기사, 국사편찬위원회

영화 〈광해, 왕이 된 남자〉는?

2012년 추창민 감독 연출작. 광해군 8년
"역모의 소문이 흉흉하니 임금께서 은밀히 이르다.
'닮은 자를 구하라. 해가 저물면 편전에 머물게 할 것이다.
숨겨야 할 일은 조보에 남기지 말라'"고 쓴 《광해군일기》[11]를
모티브 삼았다. 도승지 허균이 독살 위기에 처한 광해를 대신해
그와 똑같이 생긴 만담꾼 하선을 임금의 자리에 내세우면서
벌어지는 이야기다. 이상적인 군주의 면모를 그리며
1,200만 관객의 지지를 얻었다. 이병헌이 광해와 하선의
1인 2역을 연기하며 호평받았다.

설국열차

불평등은
기하급수적이다

"연못에 수련이 자라고 있다. 수련은 날마다 갑절로 늘어난다. 29일째 되는 날 연못의 절반이 수련으로 뒤덮인다. 만일 수련을 그대로 놔두면 30일째에는 연못이 수련으로 가득 채워진다. 결국, 다른 생명체들은 더는 살 수 없게 된다."[1]

1968년 로마클럽Club of Rome이 내놓은 보고서 내용 가운데 일부분이다. 로마클럽은 1960년대 후반 서구의 과학자와 경제학자, 기업인 등이 지구와 인류가 처한 위기와 미래에 대한 심도 있는 고민을 공유하기 위해 결성했다. 이들은 인구가 날로 늘어나는 상황 속에서 자원은 고갈되고 환경이 오염되는 등 지구가 맞닥뜨린 위기에서 벗어나기 위해 성장을 멈출 수밖에 없음을 역설했다.

로마클럽의 보고서는 170여 년 전 경제학자 토머스 맬서스 Thomas Malthus의 이론을 떠올리게 한다. 토머스 맬서스는 1790년 대 말《미래사회의 개선에 영향을 미치는 인구의 원리에 관한 연구-윌리엄 고드윈, 콩도르세, 기타 저술가들의 연구에 관한 논평》이라는 긴 제목의 책을 펴냈다. 워낙 충격적이었던 내용 탓에 맬서스는 익명으로 초판을 내놓았다. 바로 그 유명한《인구론》때문이었다.

계급은 본능인가

증기기관과 기계의 발명으로 상징되는 산업혁명의 격랑 속에 서 당시 영국의 노동자를 비롯한 하층계급의 사람들은 비참한 환경에 놓였다. 이때 윌리엄 고드윈William Godwin과 콩도르세Condorcet, Marie Jean Antoine Nicolas De Caritat 등은 불평등한 현실을 개선하기 위해 소득의 균등한 분배, 하층계급을 위한 사회복지 등을 주장했다.

하지만 토머스 맬서스에게 이들의 주장은 무책임하고 비현실적인 것으로 비쳤다. 맬서스는 노동자 등 하층계급의 사람들은 삶의 환경을 개선하기 위해 아이를 더 낳으려 애쓴다고 봤다. 덕분에 노동력은 늘어나지만, 과잉인구로 인해 살아갈 수 있는 환경은 더욱 열악해진다고 믿었다. 맬서스는 노동계층의 과도한 출산율을 낮추기 위해서는 그들 스스로 성욕을 절제해야 하지만 계급적 속성 때문에 한계가 있다고 말했다. 따라서 질병과 전쟁, 재해와 기근 등을 통해 '종족보존과 번식'의 본능을 억제해야 한다고 주장했다. 맬서스는 하층계급을 구제하고 돕기 위한 복지정책도 필요치 않다고 생각했다. 훗날 사람들은 토머스 맬서스의 이 같은 논리의 핵심을 다음의 문장으로 설명했다.

"식량은 산술급수적으로 늘어나지만,
인구는 기하급수적으로 늘어난다."

한 마디로, 맬서스는 기하급수적으로 늘어나는 인구수만큼 식량 등 자원을 확보하지 못해 현실의 기근이 세상을 더욱 고통의 나락으로 떨어뜨릴 거라고 말했다. 그는 《인구론》의 핵심이론으로 사회적 불평등을 해소하고자 했다. 하지만 그로부터 200여 년이 흐른 지금 사망률보다 출산율의 감소 추이가 더 빨라졌다. 또 과학과 산업기술의 발전으로 식량을 비롯한 자원은 더욱 풍부해졌다. 맬서스는 이와 같은 상황까지는 예견하지 못했다.

다만 늘어난 인구수가 어느 정도 영향을 미친 것으로 알려진 지구온난화는 맬서스가 간과했던 과학과 산업기술의 발전이 낳은 역설적 상황 가운데 하나다. 가파른 산업화에 따라 화석연료 사용량이 늘고 이로 인해 온실가스 배출량도 증가하면서 결국 지구의 평균 기온이 상승하는 지구온난화는 재난에 가까운 폭염의 원인으로 꼽힌다.

가까운 미래, 지구온난화를 막기 위해 전 세계 79개국은 논란 끝에 인공냉각제인 CW-7을 대량 살포했다. 인류는 CW-7이 지구의 기온을 내려줄 것으로 기대했다. 하지만 온도는 급격하게 하강했고, 기어이 거대한 한파를 몰고 왔다. 지구는 새로운 빙하기에 접어들었고, 생명체는 대부분 멸종했다.

여기부터 저기까지, 처음부터 끝까지
다양성 인식부터 시작

43만 8,000km에 달하는 길이의 전 세계 철길을 매년 한 바퀴씩 순환하며 지나는 유람 열차 안의 사람들은 인류 최후의 생존자였다. 사람들은 맨 앞 칸부터 꼬리 칸으로 이어지는 열차에 각기 올랐다. 열차는 그 자체로 '새로운 세계'가 됐고, 계급의 피라미드를 형성했다. '흐르는 물과 온기'로 가득한 앞 칸과 달리 꼬리 칸에 몰려든 이들은 배고픔의 절벽에서 서로를 잡아먹지 않으면 안 되는 지옥 같은 혼란을 겪고 17년 동안 살아남았다.

끝없이 내달려야만 하는 열차의 생명은 쉼 없이 가동하는 엔진이다. 그리고 열차와 그 안의 사람들을 지켜주는 것은 처음부터 정해진 계급적 질서라고, 열차의 각 칸을 채우는 사람들의 자리 역시 처음부터 정해진 것이라고 열차의 지배자들은 강조한다. 그래서 이를 어기거나 다른 칸을 침범해서는 안 되며, 이 같은 질서를 정해준 것 역시 "성스러운 엔진"이라고 이들은 주장한다.

맨 앞 칸인 엔진 칸에서 열차를 이끄는 자, 새로운 세계가 된 열차와 이를 가동하게 하는 성스러운 엔진의 수호자, 윌 포드다. 그는 "저주받은 쇳덩어리"인 열차는 "폐쇄된 생태계"여서 "삶을 지속하려면 공기와 물과 음식, 특히 인구의 균형이 맞아야" 한다고 주장한다. 사람이 넘쳐나면 모두가 굶어 죽을 수밖에 없다는 것이다. 그는 "최상의 균형"은 "생로병사의 원리"에 맡길 일이 아니라고 믿는다. 그래서 각자 정해진 자리를 지켜 질서를 유지해야 함을 강조하는 한편 때마다 은밀히 폭동을 조장한다. "사람들이 서로를 죽이는 것이" 인구의 균형을 맞출 수 있는 차선책이라 믿기 때문이다.

정말 윌 포드야말로 엔진을 지키며 열차의 끝없는 순환의 질주를 가능하게 하는가. 자급자족 시스템 안에서 열차 안의 계급과 계층적 불평등은 영원히 해소되지 않을 터, 이 체제를 유지하려는 자 역시 윌 포드일까.

◆

불행한 건, 열차 안 인구의 균형을 맞춰 삶을 지속하려는 방식과 관련해 꼬리 칸 사람들의 정신적 지주인 노인 길리엄의 생각 역시 다르지 않다는 점이다. 윌 포드와 길리엄은 새로운 빙하기 지구의 땅 위를 순환하는 열차 안 불평등은 최후의 인류 생존자들에게는 어쩔 수 없는 '자연법칙'과도 같은 것이라고 생각했다.

앞서 토머스 맬서스는 때로 '신의 섭리'를 말했다. 그는 왕실 약제사로 일한 증조할아버지 덕분에 상당한 부를 축적한 집안에서 자랐고, 목사였던 아버지의 뒤를 이었다. 태생적 환경 때문이었을까. 맬서스가 보기에 세상은 태생으로부터 본래 '가진 자'들이었던 지주와 자본가들의 것이었다. 계급과 계층적 지위는 때로 '신의 섭리'라고 설명하기도 했다. 그런 맬서스의 눈에 '자연법칙'으로 체제를 유지하며 질주하려는 열차 안의 풍경과 사람들은 어떻게 보일까. 자신이 주장한 이론의 핵심적 요소가 그렇게라도 적용되는 현실에 안도의 한숨을 내쉴까. 맬서스가 그리 주장한 것은 아니지만, 정말 사회적 불평등은 태어날 때부터 정해진 불가피한 운명과도 같은 것일까.

분배와 성장, 복지와 포퓰리즘 사이에서 벌어지는, 끝없어 보이는 다양한 정치적·사회적 논쟁 속에서 경제적 불균형의 간극을 채우지 못하는 열차는 오늘도 그 순환의 질주를 이어가고 있다. 과연 그 엔진은 여전히, 성스러운가.

연관 검색 영화

숨바꼭질(2013년)

감독 | 허정
주연 | 손현주, 문정희

가져야만 하는 내 집. 계층과 계급의 잔인한 경계

---

1 「로마클럽 보고서」, 로마클럽, 1968년

영화 〈설국열차〉는?

봉준호 감독의 2013년 블록버스터 개봉작.
지구온난화의 여파로 새로운 빙하기를 맞은 2031년의 지구.
그 땅 위를 순환하며 질주하는 열차 안 사람들만이 지구상 유일한
생명체로 남았다. 열차는 계급의 피라미드에서 벗어나지
못할 것 같은 실제 세상의 구조적 모순을 안고 내달린다.
'캡틴 아메리카' 크리스 에반스를 비롯해 존 허트, 에드 해리스,
틸다 스윈튼, 제이미 벨 등 세계적인 명성의 배우들과
한국의 송강호, 고아성이 함께 연기했다.

"

영호씨 꿈이요,

좋은 꿈이었으면 좋겠어요.

"

〈박하사탕〉 중에서

Scene
4

세월은 그리도 멀고
짐은 그리도 무거운가

그랜토리노

한 평 생 꼰 대 ,
생 의 끝 에 서 삶 을 찾 다

"대부분의 사람들처럼 제게도 후회가 있습니다."

2018년 8월 존 매케인_{John McCain} 미 공화당 상원의원이 그토록
사랑한 자신의 삶과 영원히 이별하기에 앞서 마지막으로 세상에
남긴 말 가운데 일부다. 때로는 실수도 했지만, 부디 미국에 대한
자신의 사랑이 그보다 더 높게 평가받기를 바란다고도 했다.

후회는 실수 때문에 갖게 된 것이었을까. 그는 82년의 짧지 않은
삶을 살았던, 정치인 이전에 한 사람의 노인으로서 생의 깊은 회한
을 드러내 보이고자 했던 것일까. 매케인은 다음과 같이 부연했다.

"저는 제가 세상에서 가장 운이 좋은 사람이라고 종종 느꼈습니다. 삶의 마지막을 준비하는 지금 이 순간에도 그렇습니다. 저는 제 삶의 모든 것을 사랑했습니다. (⋯) 대부분의 사람들처럼 제게도 후회가 있습니다. 하지만 좋든 나쁘든, 제 인생의 하루라도 다른 사람의 최고의 날과 바꾸지는 않을 것입니다"

그는 정치인으로서 적대적 언어를 쓰지 않았다. 2008년 대선에서 버락 오바마에게 패한 뒤 이를 받아들이며 "오늘 미국인들은 지구상 가장 위대한 국민이 됐다."라고 말한 그는 가치관과 생각이 다른 상대에 대한 존중의 가치를 결코 놓지 않았다. 많은 이들이 그를 바라보며 건강한 보수와 품격의 정치를 떠올리는 이유도 거기에 있다.

'다음'을 위해 '지금'을 양보해야 하는 삶의 이치

하지만 그런 정치적 풍모보다 닥쳐온 죽음 앞에서 지나온 삶의 자락을 담담하게 들여다보려는 시선의 여운이 더욱더 진하게 다가오는 건 왜일까. 한 살 한 살 나이를 먹으며 늙어가는 탓일까. 존 매케인은 결코 잊거나 놓아버려서는 안 될 소중한 가치라며 '우리 자신보다 더 큰 선의'를 말했다.

> "우리의 정체성과 가치관은 우리 자신보다 더 큰 선의를 위해 살아갈 때 더욱 확대됩니다. 애국심을 증오와 폭력을 낳은 대립과 혼동할 때, 장벽을 허무는 대신 그 뒤에 숨어 있을 때, 이상의 힘이 변화의 커다란 동력이 될 것임을 의심할 때, 우리의 위대함은 약해집니다."

그는 베트남전 포로라는 아픈 기억을 지니고 살았다. 전쟁은 처절했고, 포로로 갇혔던 한 시절은 참혹했으리라. 그러나 그는 자신의 아픈 과거에 결코 얽매이지 않았다. 그가 지나온 삶의 자락을 돌아보며 세상에 남긴 메시지도 바로 그 방증이다.

존 매케인처럼 전쟁의 상흔을 입은 또 한 명의 노인이 있다. 아내를 떠나보내고 홀로 남은 월트 코왈스키다. 그는 50년 동안 자동차 회사 포드에서 일한 자신과 달리 일본산 자동차를 판매하며 이를 직접 몰고 다니기까지 하는 아들이 영 고깝기만 하다. '요즘 젊은 것들'도 못마땅해 보이기는 매한가지다. 옆집으로 이사 온 몽족 남매 수와 타오를 향해 드러내는 동양인에 대한 편견도 그렇다.

'꼰대의 전형성'이 있다면 바로 그일까. 그를 '꼰대스러움'으로 몰고 간 것은 무엇일까. 월트는 자신의 과거에서 벗어나지 못하는 일상을 산다. 죽을 때까지 못 잊을 과거와 끔찍하지만 안고 살아야 할 기억들은 한국전쟁의 참혹한 전장에서 항복하려는 아이를 쏴 죽여 훈장을 받은 자신 그리고 여전히 씻겨내지 못한 자신의 손 어딘가에 묻어 있을 핏자국이다.

그 때문에 스스로를 언뜻언뜻 채찍질하지만, 이는 사실 자기경멸에 가깝다. "삶이 행복하지 않고 마음이 평안하지 않다."라면서 자신의 마음을 들여다보는 몽족 주술사의 말은 그나마 그에게 작은 위안이었을지 모른다. 그에게 또 하나의 위안거리가 있다면 포드사에서 일하던 1972년 직접 조향축을 끼우며 만든 자동차 그랜토리노Gran Torino다. 월트는 이를 몰고 내달리지는 않는 채, 닦고 조이고 기름 치며 소중히 여긴다.

어쩌면 그랜토리노는 월트 그 자신이었을까. 그랜토리노의 열쇠를 타오에게 빌려주기로 작정한 때로부터 월트는 자신을 버렸던 것일까. 아니다. 월트는 그랜토리노를 타오에게 유산으로 남김으로써, 그렇게 하기로 결심하고 모종의 행동에 나섬으로써, 자신을 스스로 위로하려 했을 것이다.

노인, 최선을 다해
위험과 맞서려는 자

하지만 위로가, 스스로를 향한 위안이, 결코 삶을 대신할 수 없다는 것을 그는 모르지 않았다. 그러니 월트는 뚜벅뚜벅 걸어 나아갈 줄 알았다. 자신의 새로운 현재와 세상을 살아나갈 아이들의 미래를 위해 그는 과거와 당당히 결별키로 선언했다. 그저 자신의 아픔, 가해의 비극을 자처하지 않으면 안 됐던 과거로부터 벗어나기 위한 길을 택했다. 그 선택은 타오와 그 가족의 안위를 살피는 이타적 행위가 됐음에 틀림없다.

66세의 법학자 솔 레브모어Saul Levmore 전 시카고대 로스쿨 학장과 72세의 철학자 마사 누스바움Martha C. Nussbaum 시카고대 석좌교수는 우정, 몸, 은퇴, 사랑, 빈곤과 불평등 등 8개 주제로 쓴 에세이들을 묶어《지혜롭게 나이 든다는 것》[1]을 펴냈다. 여기서 마사 누스바움 교수는 기본적으로 자기를 먼저 생각하는 인간은 유아기에 "순전히 자기 욕구를 충족하기 위해서만 다른 사람에게 다가가"지만, "교육을 정말 잘 받으면서 자랄 경우 자신과 아주 가까운 가족 및 친구의 범위를 넘어서는 사람들에게도 관심을 기울이고, 사회 전반의 대의에 대한 생각도 하면서 일련의 귀중한 책임감"[2]을 갖는다고 말했다. 하지만 나이가 들어 "두 번째 아동기"에 들어서면 "자아의 절박한 요구와 육체의 본능적 요구가 그동안 형성했던 좋은 습관들을 방해하고, 우리를 넓은 세상의 가치와 멀어지게 만든다."[3]라고 했다. 마사 누스바움에 따르면 질병, 통증, 죽음의 가능성 등 진짜로 나쁜 일들이 닥치기 때문이다.

◆

월트의 '꼰대스러움'은 그런 나쁜 일들 때문일 수도 있을 것이다. 하지만 적어도 "우리의 자녀와 손자녀들 그리고 우리보다 젊거나 나이가 많은 벗들이 무엇을 느끼고 무엇을 원하는가를 기억하려는 노력은 우리가 날마다 하면 좋은 운동과도 같다."[4]라는 마사 누스바움 교수의 말이 결코 학자로서 내놓은 추상적 설명이 아니라는 것을 월트는 보여주었다.

"날마다 하면 좋은 운동과도 같"은 것, 바로 이타성이지만, "(임박한 죽음에 대한 공포와) 두려움이 이타성을 방해한다."라고 말한 마사 누스바움 교수는 그것이야말로 '꼰대'의 도덕적 위험이니, "최선을 다해 그 위험과 맞서"[5]라고 강조했다.

"최선을 다해 그 위험과 맞서"려는 자, 월트였다.

그가 바로 노인이었다.

밀리언 달러 베이비(2004)

감독 | 클린트 이스트우드
주연 | 클린트 이스트우드, 힐러리 스웽크

인생은 퇴락해갈지언정, 노인은 퇴락하지 않는다

1, 2, 3, 4, 5 마사 누스바움·솔 레브모어 지음, 《지혜롭게 나이 든다는 것》, 안진이 옮김, 어크로스, 2018년

영화 〈그랜토리노〉는?

한국전쟁 참전의 아픔이 남긴 상처에 시달리는
노인 월트 코왈스키. 옆집으로 이사 온 몽족 남매
수와 동생 타오에게 마음의 문을 열게 된 그는
이들이 처한 위태로움에 목숨을 내걸고 맞선다.
클린트 이스트우드가 완고한 노인 월트 코왈스키 역을
연기하며 '명장'의 이름에 값하는 연출력의 성취까지
직접 보여준다. 2008년 연출작이다. 엔딩크레딧과 함께
그가 인생의 회한을 담아내는 듯 직접 부른 노래도
깊은 잔향을 안긴다.

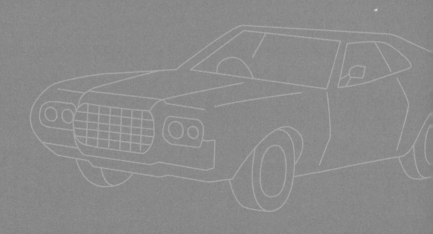

카모메식당

마음의 평화를 찾아
세상 끝에서 만나게 된
세 여인

　육계나무의 껍질을 말려 만든다는 시나몬은 세계에서 가장 오
랜 시간 전해져 내려오는 향신료 가운데 하나다. 계피와는 또 다
른 향취를 지닌 시나몬은 동남아가 주 원산지다. 먼 옛날, 아랍 상
인들을 통해 유럽으로 건너온 시나몬(을 비롯한 다양한 향신료)은 아
시아와 아메리카 지역을 향한 유럽인들의 탐욕을 불러왔다. 요리
의 풍미를 더하는 향신료를 독점하기 위해 그들은 끝없는 싸움을
벌였다.
　그 기원이야 어찌 됐든, 시나몬은 여전히 사람들의 입맛을 돋

운다. 이를 주재료로 삼는 시나몬 롤은 북유럽 사람들이 사랑하는 먹거리다. 시나몬가루를 달걀과 설탕, 소금 등으로 버무린 반죽에 뿌리고 이를 구워내면 적당히 부풀려진 소라 모양의 빵이 된다. 맛깔스럽게 내어지는 시나몬 롤은 특유의 청량한 듯 향긋함과 달콤함으로 오랜 세월 북유럽, 특히 핀란드 사람들의 입맛을 사로잡아왔다. 좀체 지지 않는 태양이 빚어내는 백야처럼 차갑고 스산한 기운이 길게 이어지는 기후의 특성 때문일까.

느린 일상이 주는
묘한 평온함

하지만 수많은 이방인의 눈에 비치는 핀란드의 이미지는 그런 차가움이나 스산함과는 거리가 있다. 실제로 핀란드는 어느새 한국인을 비롯한 많은 이방인에게 또 하나의 새로운 '이상향'처럼 보인다. 핀란드를 가리키는 다양한 지표들은 그 수치적 상징이다.[1]

20년 동안 병간호를 한 어머니와 아버지가 잇따라 세상을 떠난 뒤 족쇄가 풀린 느낌을 안고 핀란드로 날아온 중년여성 마사코에게도 핀란드는 그렇게 보였나 보다. 아버지 생전 기저귀를 갈다가 TV 속 '기타 없이 흉내로만 연주하는' 에어 기타 대회의 풍경을 보고는 핀란드에 반해버렸다. 부인 업고 달리기, 핸드폰 멀리 던지기, 사우나에서 오래 참기 같은 것에 열 올리는 사람들이 어딘지 여유 있어 보였다. 쓸데없는 일에 얽매이지도 않고 느긋하게 사는 인생이 좋아 보이기만 했다. 그래서 핀란드를 찾았다. 물론, 특별한 목적은 없다. 어디론가 꼭 떠나고 싶어 그냥 세계지도를 펴놓고 눈감고 찍었더니 핀란드여서 날아왔다는 미도리도 조용하지만 친절하고 언제나 여유로운 사람들로 핀란드인들을 꼽았다.

두 여성이 주인의 동의 아래 기약 없이 머무는 곳, 핀란드 헬싱키의 한적한 거리에 자리 잡은 '카모메식당'이다. 이들보다 먼저 일본에서 날아와 핀란드 항구의 통통한 갈매기를 보고 식당 이름을 따온 사치에가 주인이다. 그는 "일식당이라고 꼭 일본에서 할 필요는 없다."라며 소박해도 맛있는 음식을 여기선 왠지 알아 줄 것 같아서, 여기라면 나도 살아갈 수 있겠다 싶어서 핀란드에서의 일상을 택했다.

하지만 한 달 전 문을 연 식당의 손님이라곤 일본문화에 대한 관심을 지닌 현지 청년 토미 뿐이다. 길을 지나는 중년의 핀란드 여성들은 이 낯선 식당 안의 동양인 여성들을 동물원 우리 속 동물을 들여다보듯 경계와 의심, 호기심이 교차하는 시선으로 바라본다.

그래도 사치에는 카모메식당을 거창하게 포장해 알릴 생각은 없다. 누구나 '근처를 지나다 가볍게 들어와 허기를 채우는 동네 식당'이라 믿기 때문이다. 좋은 재료를 써서 잔뜩 만들고 좋은 사람만 초대해 술도 한잔하며 느긋하게 식사를 즐기는 것을 세상 끝나는 날의 작은 소망으로 품고 있는 그다. 그래서 첫 손님인 토미에게 늘 커피를 무료로 선사하고, 중년의 핀란드 여성들에게는 밝은 표정으로 인사를 전할 뿐이다.

그렇고 그런 일상, 별다르지 않은 삶을 사는
세상의 모든 사람에게 주는 작은 온기

사치에가 내는 식당의 주 메뉴는 오니기리(주먹밥)이다. 사치에에게 그것은 '고향의 맛'이다. 일찍 엄마를 여읜 어린 그에게 아버지는 일 년에 딱 두 번, 운동회와 소풍 때 주먹밥을 만들어주었다. 연어와 매실, 말린 생선을 넣은 크고 볼품없었지만, 너무 맛있었던 주먹밥을 사치에는 어른이 되어 이웃과 나누고 싶었다. 사치에가 내는 주먹밥은 실상 땅 위 모든 이들의 삶이 대체로 그렇고 그런 일상인 것임을, 결코 별다르지 않은 것임을 말해 준다. 이유도 없이 자신을 떠나버린 남편 때문에 아파하는 또 다른 현지 여성을 바라보며 핀란드 사람들은 다 그런 줄 알았는데, '조용하지만 친절하고 언제나 여유로운 사람들'만은 아니라는 미도리의 말처럼.

핀란드 출신 저널리스트로 미국인과 결혼해 뉴욕으로 터전을 옮긴 아누 파르타넨Anu Partanen은 핀란드를 비롯한 노르딕국가들과 미국의 사회적 시스템을 비교했다. 미국 사회에 대한 애정 어린 비판적 시각과 북유럽의 높은 '삶의 질'을 제시한 저서,《우리는 미래에 조금 먼저 도착했습니다》에서 "핀란드의 내 친구들은 낮은 자존감 면에서는 전설적"으로, "어둡고 차디찬 겨울이 오래 지속되는 탓에 핀란드 국민 다수는 연중 상당 기간 침울하게 지낸다."²라고 털어놓았다.

저마다 사연이 있고(마사코), 어디에 가든 슬픈 사람도 있고 외로운 사람도 있는 법 아니겠느냐(사치에)는 말은 그래서 평범한 듯, 그렇지 않은 듯 진한 여운으로 다가온다. 미도리와 마사코, 현지 여성이 사치에와 함께 나누는 소박한 주먹밥 식탁이 안겨주는 맛도 어느새 서로가 서로에게 녹아드는 동질감의 것이기도 하다.

사치에와 미도리가 반죽하고 구워내는 맛깔난 시나몬 롤과 '코피 루왁'이라는 주문 아닌 주문을 곁들인 따뜻한 한 잔의 커피도 그렇다. 시나몬 롤의 향긋하고 달콤한 냄새는 결국 현지인들의 입맛을 사로잡고 카모메식당은 헬싱키의 소박하지만, 가볍게 들어와 허기를 채우는 동네식당의 역할을 찾아간다.

◆

　여전히 몽환적 색채로 밤하늘을 수놓는 오로라 또는 느리고 작은 슬로 라이프Slow Life에 대한 선망 내지는 알싸하고 기분 좋은 내음을 내뿜는 자작나무숲 같은 것으로만 이방의 핀란드를 떠올리는 이들에게도 카모메식당의 소박한 주먹밥과 시나몬 롤은 그리 멀리 있지 않을 것이다. 사치에와 미도리와 마사코가 각기 별 것 아닌 인사법을 확인하며 미소 짓는 마지막 장면은 그래서 누구에게나 일상은 여전히 소중하게 이어진다고 말하고 있다.

연관 검색 영화

안경(2007)

감독 | 오기가미 나오코
주연 | 고바야시 사토미, 이치카와 미카코

오기가미 나오코 감독과 고바야시 사토미가 전하는
따스한 이방인들의 시선

---

1 사회적 행복도 1위(유엔지속발전해법네트워크, 2019년 세계행복보고서 2017·전체 156개국 중 한국
54위), 사회발전지수 5위(2018년 미국 사회발전조사기구·전체 146개국 중 한국 18위), 아동기 종료
지수(조기 사망과 영양실조 등 아동기를 박탈하는 요인이 얼마나 적은가) 3위(2019년 세이브 더 칠드
런, 글로벌 아동기 보고서·전체 176개국 중 한국 8위), 부패인식지수 3위(2018년 국제투명성기구·전체
180개국 중 한국 45위)….
2 아누 파르타넨 지음,《우리는 미래에 조금 먼저 도착했습니다》, 노태복 옮김, 원더박스, 2017년
3 정여울 지음,《나만 알고 싶은 유럽 Top 10》, 홍익출판사, 2014년

영화 〈카모메식당〉은?

〈요시노 이발관〉〈안경〉 등으로 국내 영화 팬들에게 친숙한
일본 오기가미 나오코 감독의 2007년 작.
소소한 일상, 하지만 따스한 감성의 스토리로
핀란드 헬싱키의 작은 식당, 카모메식당에 모여든 이들의
이야기를 그렸다. 사치에 역의 고바야시 사토미를 비롯해
미도리 역의 가타기리 하이리, 마사코 역의 모타이 마사코 등
인물들이 생생한 캐릭터로서 정감을 더한다.
문학평론가 정여울에 따르면 '카모메식당'은 실제 헬싱키에서
'카흐빌라 수오미'라는 이름으로 운영되고 있다.[3]

우아한 세계

눈 물 젖 은 라 면 을
삼 켜 보 았 는 가

중량 100그램이 조금 넘도록 단단히 뭉쳐진 고체 덩어리를 펄펄 끓는 물에 풀어내면 고슬고슬하게 익은 면발이 된다. 여기에 흩뿌려 넣은 스프가 녹아내리면 맛깔스럽게 익은 간편식의 대명사로서 라면은 제 기능을 훌륭하게 발휘한다. 빨리 끓고 빨리 식는 양은냄비 속 라면이라면 더욱 좋다. 면발은 왜 그리도 쫄깃하며 스프의 맛은 어째서 그토록 유혹적인가. 하지만 라면이 늘, 그렇게, 누구에게나, 맛난 것은 아닌가 보다. 작가 김훈은 "라면을 먹으면서, 낯선 시간들이 삶 속으로 스며들고 절여져서 새로운 늙음으로 늙어지기를 기원"하며 "늙음이 이 부박함 속에서의 낡음이 아니기를, 저 부박함이 마침내 새로움이 아니기를"[1] 바랐다.

그렇다. 살다 보면 안다. 나이 50대 중반에 들어선 때 김훈처럼 라면을 먹으며 목이 메는 순간이 언젠가는 기어이 찾아온다는 것을.

라면은 죄가 없다!

시인 정호승과 황지우가 라면과 눈물을 이야기한 것만 봐도 그렇다. 정호승은 "슬픈 인생의 어느 한때 / 라면을 혼자 끓여 먹고 / 울지 않는 사람은 거룩"하다면서도 그 자신, "가끔 꿈속에서도 / 라면을 혼자 끓여 먹으며 울지"[2]라고 고백했다. 그리고는 인생을 위해 '거룩'한 라면 한 그릇을 또 끓여낸다.

그 '거룩'함을 황지우는 한 사내와 노인에게서 목격했다. 그는 "나이든 남자가 혼자 밥을 먹을 때 / 울컥, 하고 올라오는 것이 있다"라고 말했다. 이어 "큰 덩치로 분식집 메뉴표를 가리고서 / 등 돌리고 라면발을 건져 올리고 있는 그에게, / 양푼의 식은 밥을 놓고 동생과 눈 흘기며 숟갈 싸움하던 / 그 어린 것이 올라와, 갑자기 목메게 한 것이다"[3]라고 부연했다. 시인은 그 덩치 큰 남자처럼 "파고다 공원 뒤편 순댓집에서 / 국밥을 숟가락 가득 떠 넣으시는 노인의, 쩍 벌린 입"을 바라보면서 눈물겹도록 '거룩한 식사'[4]의 뜨거움을 삼켰다.

이처럼 삼켜내려는 뜨거움 속에서도 기어코 참을 수 없이 목이 메어오는 쓸쓸함은, 곧 눈물이 되어 흘러내리고 만다. 입과 식도를 통해 위장 속으로 빨려 들어가야 할 면발은 쓸쓸함과 눈물에 막혀 며칠 동안 끙끙 앓아야 하는 체증을 부르고 마는데, 그때의 후회란 배고픔을 참지 못했을 때보다 더 아프고, 아프다.

아내와 아이들을 저 멀리 떠나보낸 '기러기아빠' 인구의 라면발도 그래서 마룻바닥에 내팽개쳐진 것일까. 자신으로부터 멀리 떠나가서야 행복한 일상을 살아가는 것처럼 보이는 아내와 아이들의 모습에 비춰 추레한 러닝셔츠와 허리끈 늘어진 사각팬티 차림으로 라면을 끓여 먹어야 하는 '나이든 남자', 그들의 처지 때문이었을까. 내팽개친 라면발이 마룻바닥을 더럽혀 놓았음을 눈치채며 자신의 행위를 후회하고는, 이내 면발을 주워 담고 걸레로 마룻바닥을 닦아낼 수밖에 없는 '나이든 남자'의 궁상맞음도 결국 그런 탓일까.

그렇다 하더라도 라면은 대체 무슨 죄를 지었기에 그리도 차가운 대접을 받아야 하는가. 결론적으로, 라면은 죄가 없다. 라면은 결코 죄를 지을 수 없다. 그러므로 라면은 죄인이 아니다. 그럼, 무죄한 라면을 끓여 먹으며 쓸쓸한 허기를 대충이나마 달래려는 인구와 인구의 행위, 아니 '나이든 남자'가 유죄이며 죄인인가.

그도 아니다. 그저 하루하루 밥 벌어먹고 살아가지 않으면 안 되는, 이 땅 위의 모든 '나이든 남자'들이야말로 무죄다. 온갖 비웃음과 배신적 관계 속에서 꾸역꾸역 자신을 버텨내야 하는 그 모든 '나이든 남자'들의 숙명을, 뼈만 앙상해진 두 어깨 위에 천형처럼 올려놓은 세상이 유죄이며 죄인이다. 그럼에도, 이 우직하기만 한 '나이든 남자'들은 세상을 대신해 끊임없이 그 대가를 치러가고 있다. 그래야만 한다는 것을 어쩔 도리 없이 인정하지 않으면 안 되기 때문이다.

안 우아한데 우아한
우아함의 역설

그래서 '나이든 남자'들은 억울할 수밖에 없다. 마음 편히, 아니 그저 쓸쓸하게 비어버린 자신의 헛헛한 배를 채우려고 라면 한 그릇 끓여 먹기에도 버거운 자신의 처지와 상황과 환경과 운명 때문에 눈물 흘릴 수밖에 없다. 이럴 때, 라면은 그저 처량하기만 하다.

라면발을 씹어 삼키며 그 직후 속을 덮칠 먹먹한 체증조차 예감하지 못하는 어리석음이 그저 그들의 작은 죄라면 죄일까. 그렇게 한 치 앞도 내다보지 못한 채 자신의 처지와 상황과 환경과 운명을 탓하기에 '나이든 남자'들에게 세상이 강요하는 바, 너무도 무겁고 엄중하다. 그렇게 세상 대신 대가를 치러가는 이들의 미련함을 애써 외면해버리는 세상은 너무도 비겁하다.

그러니 정호승은 "겨울밤 막다른 골목 끝 포장마차에서 / 빈 호주머니를 털털 털어 / 나는 몇 번이나 인생에게 술을 사주었으나 / 인생은 나를 위해 단 한 번도 / 술 한 잔 사주지 않았다 / …"[5]며 억울해하지 않았던가.

그나마도 다행일까. 그래도 인생은 자신들을 배신하지 않을 것이라고 '나이든 남자'들은 믿고 있다. 정호승도 훗날 그 억울함을 후회하며 수많은 나날 속에서 인생이 자신에게 사준 술을 떠올리지 않는가. 다만 인생으로부터 얻어 마신 뒤 남은 빈 술잔을 채워야 하는 것도 여전히 '나이든 남자' 스스로의 몫임에 틀림이 없다.

◆

아마도 인구를 비롯한 '나이든 남자'들은 그래서 다시 라면을 끓일 것이다. 라면은 그때 또다시 거룩해진다. "눈물로 간을 맞춘 라면을 먹어 보지 않는 사람은 / 인생에 대해서 말하지 말라"며 "늘 세상 어딘가엔 눈물로 라면을 삼키는 사람은 있다"[6]는 시인의 진술은 틀리지 않는다.

오늘, 라면 한 그릇 끓여 먹어야겠다. 눈물은 흘리지 않으리라. "팔팔 끓이지 못한 하루가 / 퉁퉁 불어터진 면발 같은 날"이어도, "허겁지겁 먹지 않도록 / 나란히 서서 오래도록 젓가락을 들고" "어깨 나란히 하는"[7] 사람이라도 있다면 좋으련만….

인생이 어디 그리 호락호락한가. 헛헛헛!

연관 검색 영화

의형제(2010)

감독 | 장훈
주연 | 송강호, 강동원

생활에 찌든 남자의 사회적 사명감. 송강호의 인간밀착형 연기

변호인(2013)

감독 | 양우석
주연 | 송강호

"국가란 국민입니다!" 송강호의 포효!

---

1 김훈 지음, 《아들아, 다시는 평발을 내밀지 마라》, 생각의나무, 2002년
2 정호승, 시 〈라면 한 그릇〉, 시집 《나는 희망을 거절한다》, 창비, 2017년
3, 4 황지우, 시 〈거룩한 식사〉, 시집 《어느 날 나는 흐린 酒店(주점)에 앉아 있을 거다》, 문학과지성사, 1998년
5 정호승, 시 〈술 한잔〉, 시집 《눈물이 나면 기차를 타라》, 창비, 1999년
6 복효근, 시 〈라면론−라면에 대한 예의〉, 시집 《운동장 편지》, 창비교육, 2016년
7 이경숙, 시 〈겸상〉, 시집 《몸 속에 그늘이 산다》, 지혜, 2015년

영화 〈우아한 세계〉는 ?

이제는 힘 잃어 후배들에게 치이고 조직으로부터 배신당하지만,
그래도 중년의 가장은 먹고 살아가야 한다. 먹여 살려야 할 가족이
없다면 그나마 좀 나았을까. '생계형 조폭'이라는 말이
가당키나 한지 모르지만, 어쨌든 40대 가장이면서 조폭 중간보스인
강인구의 일상은 비루하기만 하다. 넓은 거실에서 홀로 라면을
끓여 먹다 유학을 떠난 아이들과 아내의 행복한 모습을
바라보며 눈물 흘리는 헛헛함으로 이내 라면을 내팽개쳤으면서도
이를 궁상맞게 치우는 마지막 장면에서 송강호의 연기가 빛난다.
한재림 감독의 2007년 작.

편지 그리고 풀 몬티

한여름의 늦은 밤, 무리는 서울 정동공원의 너른 정자를 터 삼았다. 거의 매일 긴장감과 비장함의 언사들이 쉴 없이 오가고, 때로는 가슴을 찌르는 비수 같은 논리로 서로의 처지를 달랠 수밖에 없는 긴 회의를 마치고는 이른 저녁 식사를 빙자해 폭탄주를 몇 순배씩 돌리던 나날이었다.

참치 김치찌개와 열무비빔밥, 구운 노가리의 맛이 일품이던 단골 식당이 문을 닫을 때쯤이면 자리를 마감한 뒤 맥주와 소주, 약간의 안줏거리를 사 들고 서로 낄낄거리며 정동공원으로 향했다.

그리고는 다음 날 새벽까지 술을 마셔댔다. 누군가는 술과 피곤함에 절어 아예 정자 마룻바닥에 몸을 누였다. 그리고는 무리 가운데 또 다른 누군가가 부르기 시작해 고래고래 함성 같은 합창으로 이어지는 노랫소리에 깨어나곤 했다.

웃고 있어도
눈물이 난다

어느 날엔가는 술을 마시다 또 누군가의 충동적, 돌발적 제안에 택시를 잡아탔다. 강원도 속초로 내달리자며 호기롭게 차에 올랐다. 바다 보러 가자는 데 의기투합한 것이다.

그렇게 마셔도, 마셔도 쉽게 취하지 않았다. 아니, 취할 수 없었다. 전날의 숙취 위에 그다음 날, 또 그다음 날 퍼붓는 술이야말로 오히려 정신 말짱한 채로 세월을 견디게 해주었다. 아관파천의 아픔을 간직한 옛 러시아 공사관의 르네상스식 건물이 매일 밤 이들을 말없이 지켜보았다. 주변을 순찰하던 전경들도 날이 갈수록 조금씩 낯익어갔다.

무리는 이미 3~4개월째 일을 하지 못하고 있었다. 회사가 내쫓지 않았지만, 사실상 실업 상태에 놓여 있었다. 이들이 다니던 회사는 1998년 IMF 외환위기의 직격탄을 피하지 못한 채 봄꽃 화사하게 핀 계절에 부도를 냈다. 꽤 영향력 있던 잡지사는 시사주간지 하나만을 남기고 다른 잡지를 모두 무기한 휴간한다고 발표했다. 사실상 정간이자 폐간이었다. 무리에게는 일터가 없어지는 순간이었다.

회사가 시사주간지의 발행 주체를 일찌감치 계열사로 넘겼다는 것을 이들은 부도 직전에야 알아챘다. 무리는 회사의 '위장부도'를 의심했다. 회사에 맞서 싸우기로 했다. 싸움을 위한 회의는 매일 이어졌다. 회사의 허점을 겨냥한 전략과 전술을 찾기 위해서였다. 그러는 사이 회사는 얼마간 밀렸던 임금과 퇴직금의 일부를 조금씩 내주었다. 매일 밤 술값은 거기서 십시일반 하거나 먼저 다른 일자리를 찾은 이들이 내놓은 것으로 충당했다.

실업의 위기, 아니 사실상 실업의 처지에 놓였음에도 무리의 술자리에선 늘 웃음이 넘쳐났다. 무리는 호기롭게 모여 술잔을 나누고 또 호기롭게 내일의 싸움을 준비했다. 농담에 낄낄거리고, 쓰일 데 없는 우스갯소리에 박장대소했다. 최고 20여 년차부터 내려 이어지는 다양한 연차의 선배들 사이에서 이제 갓 3년 차에 불과했던 새파란 막내는 때로 서열의 예도 무시한 채 아슬아슬한 수위를 넘나드는 농담을 내뱉곤 했다. 거기엔 참을 수 없는 모멸감과 울분이 섞여 있었다. 선배들은 그마저도 호쾌한 웃음으로 받아쳤다. 심지어 제 분을 이기지 못하고 사옥 정문에 내려진 셔터의 창살을 부여잡은 채 회사를 향해 갖은 욕설을 퍼부어 대는 후배를 저 멀찍이서 팔짱 끼고 바라보며 낄낄거리기까지 했다.

눈물을 흘릴 수 있는 '이유'가 필요한 때가 있다

눈물은 엉뚱한 곳에서 터져 나왔다. 영국 남부 요크셔 산업단지의 제철소가 문을 닫으면서 거리로 내몰린 채 옷을 벗어 던진 가즈와 친구들을 바라보는 사이 눈물이 흘렀다. 직장과 일을 잃고 하릴없이 거리를 배회하며 실업급여로 근근이 생계를 이어가는 이들은 직업알선센터를 드나들지만 새로운 일을 쉽게 찾을 수 없었다. 결국, 단지 몇 푼의 돈을 벌기 위해 경찰 단속의 위험 앞에서 인생 단 한 번의 스트립쇼를 벌이기로 했다.

가즈와 친구들은 자신들을 내버린 세상의 불합리한 구조를 비웃듯 옷을 벗어던졌다. 이들이 내던진 옷가지의 거추장스러움이 통쾌했다. 그러면서도 눈물이 흐르고 말았다. 컴컴한 극장 안에서 옆 사람이 눈치 챌까 소리 내어 훌쩍일 수 없었지만, 눈물은 멈추지 않았다.

어쩌면 눈물은 이미 그 전해 늦가을부터 고였던 것이었는지 모른다. 세상 더없이 순정한 사랑을 나눈 두 남녀의 이야기부터였다. 먼저 떠나간 남자가 보낸 뒤늦은 편지를 받아 들고 영원한 사랑을 확인하면서 여자는 끝없이 눈물을 삼켰다. 생전 녹화를 해 둔 영상 속에서 남자 역시 눈물을 거두지 못했다. 다만 그때의 눈물은 이미 살아갈 이유를 어디에서도 찾지 못할 것 같기만 하던 여자를 조금씩 일으켜 세워주었고, 다시 새로운 세상으로 향하게 해주었다.

두 남녀의 사랑 이야기는 1997년 11월 나라 경제가 파탄 났음이 알려진 다음 날 세상에 나왔다. 월급이 기한 없이 밀리고, 직장에서 쫓겨나고, 갚을 길 없이 빚더미에 올라야 했던 많은 이들은 두 남녀의 이야기에 울고 또 울었다. 어떤 이들은 '신파'라고 비웃기도 했지만, 눈물을 흘리는 수많은 이들의 귀에 그건 그저 현학적 수사일 뿐이었다. 설령 신파라면 또 어떤가. 울고 싶은데, 눈물을 흘리지 않으면 견딜 수 없는데, 마침 컴컴한 극장 안이었으니 그 얼마나 다행인가. 남자가 보낸 편지로써 살아갈 이유를 다시 찾아가는 여자처럼, 사람들은 그러고서 힘겹지만, 또 다시 세상 속으로 뚜벅뚜벅 걸어 나아갈 줄 알았다.

어느 시인은 설렁탕 한 그릇에 담긴 어머니의 사랑과 이를 바라보는 자식으로서 죄스러움과 설움을 떠올리며 '눈물은 왜 짠가'라고 자문했다. 시인은 "울컥 치받치는 감정을 억제하려고 설렁탕에 만 밥과 깍두기를 마구 씹어"대며 땀을 흘렸다. 그리고는 이를 뒤섞어 닦아내며 애써 흐르는 눈물을 감췄다.[1]

눈물은 그렇게 설움 속에서 흐른다. 하지만 한 방울의 눈물보다 다시 한 번 어깨 크게 펴고 호탕하게 웃는 웃음이 더욱 절실할 때도 있다. 직장을 잃은 채 삭풍처럼 몰아칠 앞날에 대한 불안감 대신 차라리 크게 웃는 것으로 아픔을 이겨내며 세상과 맞서려 했던 무리에게도 그랬을 것이다.

그래서 눈물은 쉽게 흘려서는 안 되는 것이리라. 자신을 찾아갈 것을 다짐하며 훔쳐내는 눈물이야말로 세상 가장 뜨거운 액체일 수 있겠지만, 또 다시 세상 속으로 나아가려는 이들에게 웃음은 눈물보다 더 짠 것이 되고 말 것이다.

연관 검색 영화

나의 사랑 나의 신부 (1990)

감독 | 이명세
주연 | 최진실, 박중훈

최진실의 발랄했던 한때. 경쾌했던 눈 밑 주머니가 그립다

내가 죽던 날 (2020)

감독 | 박지완
주연 | 김혜수, 이정은

타인에게 내미는 손, 나에게 내어지는 위안과 희망의 손

---

1 함민복 지음, 《눈물은 왜 짠가》, 책이있는풍경, 2014년

영화 〈편지〉, 〈풀 몬티〉는?

두 영화는 1997년 11월 21일 정부가 IMF(국제통화기금)에
구제금융을 신청했다는 사실을 발표한 직후 개봉했다. 〈편지〉는
그다음 날, 〈풀 몬티〉는 이듬해 4월 선보였다. 최진실·박신양이
주연하고 이정국 감독이 연출한 〈편지〉는 두 남녀의 순애보와
불치병의 아픔 등 설정과 관객의 감성을 건드리는 진한 이야기로
경제위기에 시달리던 이들의 눈물샘을 크게 자극했다.
〈풀 몬티〉는 가즈 등 영국 제철노동자들이 직장을 잃은 뒤
스트립쇼에 나서기까지 과정을 코믹하게 그린 작품이다.
구제금융의 대가였던 구조조정의 이름 아래 수많은 이들이 직장을
잃고 실업자가 되어 가는 현실에서 관객의 공감을 얻었다.
1997년 가즈 역의 로버트 칼라일이 주연하고,
피터 카타네오 감독이 연출했다.

박하사탕

나, 다시 돌아갈래!

2012년 겨울의 어느 날 밤, 칼럼니스트이기도 한 서울대 사회학과 송호근 교수는 모임에서 술을 마신 뒤 대리기사가 운전하는 차에 올랐다. 대리기사는 중견기업 간부직을 마지막 일자리로 퇴직한, 송 교수와 "거의 동년배인 베이비부머"였다. 기사는 "생활비를 보탤 겸 저녁 알바를 뛴다."[1]라고 했다.

송호근 교수는 1956년생이다. 그는 저서 《그들은 소리 내 울지 않는다》에서 1955년~63년 세상에 태어난 전후세대로 약 715만 명이 존재한다고 '베이비부머'를 정의했다.[2] 이들 세대는 한국전쟁의 포연이 채 가시지 않은 세상에 나와 4·19, 5·16, 10월 유신과 긴급조치, 10·26, 12·12, 5·18 등 숫자로 상징되는 "한국의 현대사를 수놓은 중대한 사건들"[3]을 지나쳤다. 1997년 11월 몰아닥친 IMF라는 혹독한 경제위기와 구조조정의 암울한 터널도 통과했다. 송 교수는 "대리기사와 내가 함께 겪었던 긴 세월의 공유지에는 한국의 현대사를 수놓은 중대한 사건들과 이제는 잊혀진 현상과 개념들이 잡초처럼 무성하다."[4]고 덧붙였다.

삶이 무너져내린 그곳으로
되돌아갈 수 있다면…

송호근 교수의 말에 따르면 베이비부머들은 '공돌이'와 '공순이'의 원조[5]다. 1970년대 "산업화의 주력부대"를 구성한 이들은 가파른 벼랑에 매달려 저임금에 시달리면서도 끊임없이 힘겨운 노동을 이어가야 했던 도시의 공장 노동자들이었다.[6]

1960년생 김영호도 그랬다. 그는 1979년 봄 즈음, 서울 가리봉동의 공장에서 일하고 있었다. 야학에도 나갔다. 야학은 저임금의 고리를 끊고 비인간적 노동환경을 개선하려 애쓴 노동자들의 모임이었을지도 모른다. 어쨌거나 영호는 거기서 만난 순박한 여자, 순임을 가슴에 품고 있었다. 순임 역시 순수해 보이는 앳된 스무 살의 청년 영호가 싫지 않았다. 이들은 그 순수하고 순박한 곁눈질로 서로의 마음을 확인했다.

순임은 자신이 공장에서 하루에 1,000개씩 포장을 하는 박하사탕 가운데 하나를 영호에게 수줍게 건넸다. 영호에게 사탕 맛은 세상 최고였다. 순임은 영호가 입대한 뒤에도 편지와 함께 박하사탕을 보냈다. 영호는 사탕을 반합에 숨겨두지만 무참한 군홧발의 시대는 끝내 이를 으깨어 놓고 말았다.

영호의 삶은 바로 거기서부터 무너져 내렸다. 오랜 시간 많은 사람들을 극심한 부채의식과 고통에 시달리게 한 광주의 1980년 5월부터였다. 영호는 순임의 환영인 듯한 여고생을 향해 총탄을 잘못 격발했다. 자책감은 영호의 다리에도 총상의 아픔을 남겼다.

영호의 손은 두툼하면서도 거칠다. 순임은 그의 그런 '착한 손'이 좋았다. 영호는 두려움과 공포 속에서 그 '착한 손'으로 M16 소총의 방아쇠를 잘못 당겼다. 삶은 아름답다는 믿음으로 현실 속으로 뛰어든 운동권 대학생을 경찰이 되어 고문한 손, 두려움과 공포로 대학생이 저도 모르게 싸버린 똥이 묻어버린 손, 청년의 똥냄새가 영원히 가시지 않을 것만 같은 손도 바로 그 '착한 손'이었다. 그래서 영호는 '착한 손'을 애써 외면했다. 삶이 안겨주는 고통 앞에서 그는 자신의 두툼한 '착한 손'을 쓰는 대신 스스로를 나락으로 몰고 갔다.

귀로 歸路,
돌아오거나 돌아가는 길

그럴 때마다 순임은 어김없이 영호 앞에 나타났다. IMF의 직격
탄으로 모든 것을 잃어버린 채 생을 마감하려는 순간에도 순임은
기어이 영호의 시선에 모습을 드러냈다. 무려 20년의 세월은 두
사람의 끊어지지 않는 인연으로써 영호의 총상을 덧나게 했다.
총상의 아픔은 순간적인 절룩거림의 고통이 되곤 했다. 그렇지
만 상처가 덧날수록 드러나는 것은 어이없게도, 눈부시게 희도록
따스하고 순박했던, 아름다운 시절이었다. 영호는 선택의 갈림길
앞에서 다소 주춤거리기도 했지만, 발걸음은 그 시절에서 멀어져
가며 늘 더럽고 속물적인 현실로만 향했다. 그는 스스로를 그렇
게 내몰았다.
  '착한 손'의 아름다웠던 삶과 시절을 애써 부정한 탓이다. 주춤
거리면서도 스스로를 합리화하며 삶에 끌려 다니는 동안 선택한
발걸음과 그 자학의 여진이었다. 이제 더는 삶은 아름답지 않다
고 여긴 탓이었다. 눈부시게 희도록 따스했던, 순박했던 한 시절

은 이미 지나버렸다고 믿음으로써, 더욱 그러했다. 가차 없는 폭력적 현실에서 벗어날 수 없으리라는 안타까운 믿음. 그래서 영호는 훨씬 더 깊은 자학의 늪 속으로 스스로 걸어 들어갔다.

그렇다 해도 이제 영호는 순임에게 돌아갈 수 있을까. 영호는 삶의 벼랑 끝에서 다시 순임을 맞닥뜨린 채 서럽게 운다. 눈물은 회한이 된다. 지독한 자학의 깊은 늪에서 허우적거리고 있는 스스로를 발견할 때, 아니 이미 알면서도 애써 '착한 손'을 거부하고 부정했음을 뒤늦게 인정하고서야 영호는 회한의 설움을 울음으로 토해낸다.

다행이었을까. 눈물은 위안의 여지를 남긴다. 사진기로 꽃을 찍는 것을 좋아했던 스무 살의 앳된 시절로 돌아가 맑은 햇살을 받으며 영호가 흘리는 한 줄기 눈물은 비로소 박하사탕의 콕 찌르는 소박한 자극의 위안으로 남는다.

◆

영호는 달려오는 열차 앞에서 끝내 "나, 다시 돌아갈래!"라고 절규했다. 영호는 바로 그 열차를 타고 이미 '착한 손'의 시절로 되돌아간 것이나 마찬가지였을 것이다. 위안의 눈물은 바로 그 증거다. 속물적 자책과 자학의 짧지 않은 세월은 비록 회한으로 남았을지언정, 수줍게 웃는 영호의 눈물과 절규는 그리로 다시 돌아가지 않으면 안 되는 '착한 손'과 '삶은 아름답다'고 믿었던, 따스했던 한 시절을 향한 마지막 몸부림이다.

그래서 정말, 또 다행스럽게도, 눈물과 절규는 그를 바로 그 시절로 데려갔을 게다. 그런 영호를 바라보는 모든 이들에게도 이 같은 믿음이 다행스러운 독해가 되기를.

P.S〉

송호근 교수는 가수 조용필의 제안으로 노래 〈어느 날 귀로^{歸路}에서〉의 노랫말을 이렇게 썼다. "(…) 나는 왜 귀로를 맴돌고 있나 / 아직 꿈이 가득해 / 그 자리에 / 나는 왜 귀로를 서성거리나 / 돌이킬 순 없지만 / 이제는 알 것 같은데."[7]

연관 검색 영화

초록물고기(1997)

감독 | 이창동
주연 | 한석규, 심혜진

팍팍한 도시의 재개발. 삶은 다시 나아지지 않는다

오아시스(2002)

감독 | 이창동
주연 | 설경구, 문소리

소외된 자들의 사랑이야말로 소외될 수 없다

1, 2, 3, 4, 5, 6, 7 송호근 지음, 《그들은 소리 내 울지 않는다》, 이와우, 2013년

영화 〈박하사탕〉은?

새로운 세기가 시작된다고 믿었던 2000년 1월 1일 개봉했다.
소설가 출신 이창동 감독의 두 번째 연출작이다. 1979년 봄부터
1999년까지 20년의 세월을 살아온 남자 김영호가 1980년 5월
광주 등 한국 현대사의 굴곡진 시간을 통과하며 무너져가는,
회한의 기록이다. 배우 설경구와 문소리를 충무로의
또 다른 주역으로 각인시킨 무대이기도 하다.

부에나 비스타
소셜 클럽

기 록 되 어 야 하 는
리 듬 이 있 다

멕시코만의 바다 위로 노인 산티아고는 조각배를 노 저어 나아
갔다. 산들바람이 불어오는 9월의 어느 날이었다. 84일 동안 고기
한 마리 얻지 못한 그는 "코끝에서 꼬리까지 무려 5.5미터"나 되
는 길이의 거대한 청새치와 맞닥뜨렸다. "어쩌면 자신이 이미 죽
은 몸이 아닐까" 싶을 만큼 사투 끝에 마침내 고기를 잡아 항구로
돌아오는 길. 처절했던 싸움의 흔적으로 바닷물과 뒤섞인 청새치
의 피 냄새를 따라 상어 떼가 조각배로 몰려들었다. 청새치는 끝
내 앙상한 뼈로만 남았다.

그렇지만 산티아고는 바다를 원망하지 않았다. 그는 바다를 '라 마르la mar'라고 불렀다. 여성형 관사를 붙여 늘 그렇게 바다를 바라보았다. 그와 수많은 어부에게 바다는 "큰 은혜를 베풀어 주기도 하고 빼앗기도 하는 무엇"이었다. 이들은 일용할 양식을 거기에서 얻었다. 때론 거친 파도로 몰아쳐 와 모든 것을 한순간에 앗아가기도 하지만 그것 역시 '바다로서도 어쩔 수 없는 일'이라고 생각했다. 이들은 "낚싯줄에 찌 대신 부표를 사용하고 상어 간을 팔아 번 큰돈으로 모터보트를 사들"이고, "바다를 '엘 마르el mar'라는 남성형으로 부르며 경쟁자, 일터, 심지어 적대자"로 바라보는 젊은 어부들과도 달랐다. 그래서 농부들에게 대지가 그러하듯, 바다는 어부들에게 어머니와도 같은 위대한 공간이 된다.[이상 큰따옴표 부분은 어니스트 헤밍웨이의 1952년 작《노인과 바다》에서 인용 (김욱동 옮김, 민음사, 2012년)]

아픔의 땅,
위로의 노래

그즈음 에르네스토 라파엘 게바라 데 라 세르나Ernesto Rafael Guevara de la Serna라는 긴 이름을 가진 아르헨티나의 한 청년이 '어머

니 대지'의 위대함을 찾아 길을 나섰다. 훗날 체 게바라^{Che Guevara}
로 불릴 24세의 의대생이었다. 그는 "라틴아메리카인으로서 우
리의 뿌리를 찾아 떠나자. 대륙 발견 이전 시대의 문명을 발견해
보고, 마추픽추를 기어올라 그 비밀을 손수 풀어보자."라며 여섯
살 위 친구 알베르토와 함께 '힘'이라는 뜻의 '포데로사2'라는 이
름을 붙인 500cc 중고 오토바이에 올랐다. 조국 아르헨티나의 코
르도바에서 출발해 안데스산맥을 가로질러 칠레 해안을 따라 아
마존에 이르는 남미대륙 횡단에 나섰다.

그는 길 위에서 나환자와 가난한 농부와 광부들을 만났다. 그
리고 빈곤과 기아, 질병을 목격했다. "속수무책으로 어린아이가
죽어가는 것을 내버려 둘 수밖에 없는 일이 우리 아메리카 기층
민중들에게는 대수롭지 않은 현실임"을 인정할 수 없었다. 그래
서 "유명한 학자가 되거나 의학상 중요한 기여를 하는 것보다 더
중요한 무언가"를 찾아 나서기로 새로운 다짐을 했다.

혁명이었다. 길고 긴 식민의 억압을 물리치고서도 여전히 가난
과 질병, 독재의 철권통치 등에 시달려야 했던 대륙의 수많은 이
들을 외면하지 못했다. 39년의 짧은 삶 내내 천식을 달고 살았지
만 대수롭지 않게 여겼다.

1956년 11월부터 2년여에 걸친 험난한 싸움에 나섰다. 쿠바가
첫 번째 근거지였다. 청년은 함께 혁명운동에 나선 동료들과 〈관

타나메라^{Guantanamera}〉 같은 노래를 불렀다. 쿠바의 독립영웅 호세 마르티^{José Martí}의 시에 멜로디를 붙인 노래는 생사의 기로 앞에 놓인 이들에게 작은 위로가 되어 주었다. 청년은 대륙을 횡단하면서 가난한 이들과 맘보와 탱고를 함께 노래했다. 마치 춤을 추듯 적을 포위한다는 의미로, 자신이 벌이는 게릴라전에 '미뉴에트'라는 별칭을 붙인 그였다.

그는 "쿠바인의 문화와 생활양식이 아프리카의 고대문화로부터 유래했고, 쿠바의 음악 역시 아프리카로부터 왔으며, 아프리카인들은 쿠바로부터 건너온 리듬을 매우 좋아하기 때문에 그 음악은 다시 아프리카로 되돌아가게 된다."라고 말했다. 그리고는 혁명이 성공한 뒤 모든 지위를 버리고 또 다른 가난한 이들을 찾아 아프리카 콩고로 향했다.[이상 큰따옴표 부분은 《체 게바라 평전》에서 인용(장 코르미에 지음, 김미선 옮김, 실천문학사, 2000년)]

평생 사는 노래,
일생 부를 노래

어떤 이들은 헤밍웨이가 1940년대 후반부터 1961년까지 쿠바에 머물던 시절에 낚시 친구로 지낸 어부 그레고리오 푸엔테스를

《노인과 바다》의 주인공 산티아고의 모델로 삼았다고 말한다. 그레고리오 푸엔테스가 아프리카 서쪽 스페인령 카나리오 제도 출신 이민자라는 시각이다. 산티아고가 "섬들의 하얀 봉우리들이 바다 위에 우뚝 솟아 있는 모습"과 "카나리아 군도의 여러 항구와 정박지"[1]가 나타나는 꿈을 꾼 것도 이와 무관치 않다는 설명이 따라붙는다.

체 게바라의 말처럼 쿠바의 문화가 아프리카에 그 원형을 두고 있다는 건 사실이다. 쿠바는 15세기 이후 무려 400여 년 동안 스페인의 통치에서 벗어나지 못했다. 19세기 말 쿠바를 떠나기까지 스페인은 아프리카 흑인들을 노예로 끌고 왔다. 금을 캐고 사탕수수를 수확해야 하는 노동력이 부족했던 탓이었다. 그러는 사이 노예와 원주민들의 피가 섞인 쿠바의 노래와 음악이 세상에 나왔다. 맘보mambo와 차차차cha cha cha, 룸바rumba와 살사salsa 그리고 쏜son 등 쿠바인들의 음악은 이처럼 아픔의 역사를 품고 있다. 기타와 피아노, 트럼펫, 베이스 그리고 아프리카에서 건너온 다양한 타악기가 어우러져 특유의 리듬으로 듣는 이의 귀를 간질이며 흥겨운 듯, 슬픈 듯 흐르는 특유의 멜로디가 그렇게 씌었다.

혁명 이후 음악은 한때 끊기는 듯했다. 숱한 연주자들이 무대를 잃었고, 구두닦이나 이발사 등으로 생계를 이어가야 했다. 보컬리스트 이브라힘 페레르Ibrahim Ferrer 같은 이들이 그랬다. 이브

라힘 페레르는 영원히 무대를 떠나겠다는 결심을 하기도 했다고 고백했다. 하지만 음악을 떠나서는 온전히 살아갈 수 없었다. 마침내 그는 기타리스트 콤파이 세군도 Compay Segundo, 피아니스트 루벤 곤잘레스 Ruben Gonzalez, 보컬리스트 오마라 포르투온도 Omara Portuondo 등 전설의 연주자들과 함께 무대에 다시 올랐다.

◆

1998년 4월 네덜란드 암스테르담의 한 극장에서 이들은 〈찬찬 Chan Chan〉을 시작으로 공연을 펼쳤다. 카리브해의 따가운 태양을 피해 스며들어 정열적인 춤으로 한 시절을 보냈던, 젊음으로 영화로웠던 클럽 '부에나 비스타 소셜'의 이름을 딴 무대였다. 《노인과 바다》의 산티아고처럼, "두 눈을 제외하면 하나같이 노쇠해 있었"던 이들은 무대 위에서 "오직 두 눈만은 바다와 똑같은 빛깔을 띠었으며 기운차고 지칠 줄 몰랐"[2]다.

이들은 젊었던 시절과 다르지 않은 여전한 힘과 경쾌한 몸놀림으로 노래했다. 끝없이 이어진 쿠바 아바나의 말레콘 방파제를 때리는 파도 소리를 연주했다. 어쩌면 말레콘을 바라보며 체 게바라는 "인간이 어떤 일을 할 수 있는지, 또 얼마나 참고 견뎌낼 수 있는지 보여줘야겠어."[3]라는 노인 산티아고의 의지를 되새기지 않았을까.

인간은 패배하지 않는다고 믿었던 두 사람처럼 '부에나 비스타 소셜 클럽'의 이 전설적 연주자들 역시 꺼지지 않을, 여전히 젊은 음악적 열정으로 태양에 맞서려 했던 건 아닐까.

오늘, 이들의 열정이 고스란할 아바나로 떠나고 싶다.

연관 검색 영화

서칭 포 슈가맨(2011)

감독 | 말릭 벤젤룰

'슈가맨' 시스토 로드리게즈가 남아프리카에 전한 감동
수십 년의 세월이 되살려낸 감흥

1, 2, 3 어니스트 헤밍웨이 지음, 《노인과 바다》, 김욱동 옮김, 민음사, 2012년

영화 〈부에나 비스타 소셜 클럽〉은?

전설적 쿠바 음악 연주자들의 이야기. 〈파리 텍사스〉
〈베를린 천사의 시〉 등을 연출한 독일의 명장 빔 벤더스 감독의
1999년 다큐멘터리 영화다. 미국 기타리스트 겸 음악프로듀서
라이 쿠더가 연주자들을 찾아 나선 뒤 다시 무대에 세우기까지 과정,
이들이 음반을 녹음하는 모습 등을 담았다. 지난 시간을 돌이키며
회한과 기쁨을 교차시키는 노령의 연주자들이 들려주는 음악은
깊고 큰 울림을 안긴다. 이들은 1920~30년대 쿠바 음악을 꽃피운
아바나의 유명 클럽에서 이름을 따와 음반을 새롭게 냈다.

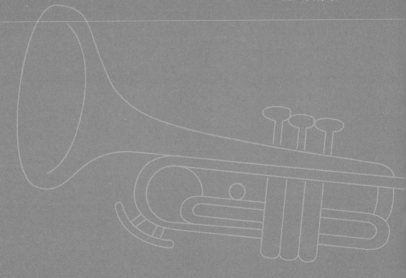

"

그런다고 세상이 바뀌어요?

"

〈 1987 〉 중에서

그래도 세상은 나아간다

#Scene
5

암살

뻔뻔한 염석진들,
아직 살아 있다

1933년 11월 8일

    대한민국 임시정부 경무국 대장 염석진이 조선 주둔 일본군 헌병대장 호소가와 히로미쓰로부터 특무대 수사관으로 임명된다. 이미 중국 상하이에 자리 잡은 대한민국 임시정부에서 활동하며 뒤로는 독립운동가들의 정보를 팔아먹은 그는 "일본을 위해 헌신한 바를" 인정받아 아예 항일전선을 무너뜨리려는 일제의 주구走狗가 되었다.

그로부터 16년의 세월이 흐른 1949년 그는 '밀정 행위로 독립운동을 방해'[1]하고, '군경의 관리로서 악질적인 행위로 민족에게 해를 가한'[2] 혐의로 반민족행위특별조사위원회(반민특위) 특별재판에 넘겨진다. "내 몸속에 일본놈들의 총알이 6개나 박혀" 있다며 자신의 친일행위를 철저히 부인한 그는 증거 불충분으로 반민특위 특별검찰의 기소마저 비웃으며 공소 유지를 무산시킨다. 반민특위 해체 요구 시위가 벌어지던 시각, 염석진의 반민족행위를 고발하려는 증인이 이미 살해된 뒤였다. 단죄의 대상이었던 친일 앞잡이에서 해방 직후 경찰이 된 그에게 당대 정국의 혼란스러움은 "좋은 세상"으로만 보였다.

1933년 2월 27일

만주 항일무장조직의 유일한 여성 운동가였던 61세 남자현이 일제에 체포됐다. 일제에 협력하던 중국 만주괴뢰정권의 전권대사 부토를 제거하기 위해 무기를 가지러 하얼빈에 도착한 뒤였다. 의병으로 나섰다 전사한 남편의 피 묻은 군복을 껴입고 있었다. 경북 영양의 유학자 남정한의 딸로 태어나 19세에 아버지의 제자 김영주와 결혼한 남자현은 5년 만에 남편을 잃었다. 아들을 키우며 시부모를 모시고 살아가던 그는 1919년 3월 1일 독립선 언문을 서울 곳곳에 배포했다. 그리고는 곧장 만주로 넘어가 독립운동단체 서로군정서西路軍政署에 입단했다. 그는 군자금 조달과 일제 총독 저격 시도 등의 활동을 펼친 유일한 여성 단원으로 알려져 있다. 1931년 왼손 무명지를 잘라 '조선독립원朝鮮獨立願'이라 혈서를 쓰고 잘려진 손가락을 동봉해 국제연맹에 보내기도 했다.[3]

그처럼 수많은 투사가 독립을 위해 목숨을 내던졌다. 독립에 대한 확신과 스스로 다져간 신념이 그 힘이었을까. 독립군 여성 저격수 안옥윤은 영화에서 이렇게 말했다.

"만주에선 지붕에서 물이 새거나 벽이 부서져도 고치질 않았어. 곧 독립이 되면 고향으로 돌아갈 텐데 뭐 하러 고치겠어. 알려줘야지. 우린 계속 싸우고 있다고."

1947년 4월 9일

그렇게 지난한 싸움을 벌인 끝에 되찾은 조국. 1945년 9월 2일 미군의 미주리함 갑판에서 일본 외무대신 시게미쓰 마모루(윤봉

길 의사의 1932년 4월 홍커우공원 의거로 한쪽 다리를 잃었다)가 맥아더 연합군 최고사령관이 지켜보는 가운데 항복문서에 조인하던 시각, 상하이 임시정부 청사에서 주석 김구와 의열단장 김원봉은 쓰디쓴 술잔을 나눈다. 독립을 위해 목숨을 내던진 숱한 이들의 이름을 떠올리며 김원봉은 회한에 젖는다. "너무 많이 죽었습니다. 사람들에게 잊혀지겠지요? 미안합니다."

하지만 해방된 조국은 이들의 편이 아니었다. 김원봉은 바로 이날 그 악랄하다고 소문났던 일제 고등계 형사 노덕술에게 뺨을 얻어맞고 체포됐다. 노덕술은 해방을 맞은 나라의 새로운 권력 아래서 다시 경찰 간부가 됐다. 김원봉은 미 군정의 포고령을 위반했다는, 좌익의 혐의를 받았다. 그리고 무려 사흘 밤낮 고문을 당했다.

1948년 10월 23일

광복을 맞았지만 일제강점기 34년 11개월 동안 숱한 동포들을 체포하고 고문하고 죽음에 이르게 한, 민족과 조국을 팔아 제 배를 불리며 영달을 꾀한 친일파들을 단죄하지 않고서는, 식민의 상흔을 지우지 않고서는, 온전한 독립 국가로서 위상을 회복할 수 없을 것이었다. 이를 위한 반민특위가 우여곡절 끝에 이날 정식 출범했다.

일제강점기 비행기공장을 운영했던 박흥식을 '검거 1호'로, 반민특위는 이듬해 8월 와해되기까지 친일행위 682건을 취급했다. 하지만 실질적인 처벌을 받은 반민족행위자는 7명에 불과했다. 그나마도 훗날 대부분 풀려났다. 노덕술도, 염석진도 마찬가지였다.

1949년 6월 6일

오전 7시 서울 남대문의 반민특위 사무실이 습격당했다. 이미 친일파들이 장악한 경찰 조직의 소행이었다. 반민특위 특경대원 등 직원들이 무참히 폭행당했다. 염석진의 석방 역시 친일세력의 힘이었다. 반민특위 출범을 전후해 불안감을 느낀 정권과 친일세력의 '저항'은 얼마나 거세고 집요했던가. 해방 직후 공산세력에 맞선다는 명분으로 '행정 경험자 우대'를 내세운 미 군정과 정권의 비호 아래 친일세력은 나라를 이미 장악해버렸다.

반민특위 발족 과정에서도 집요하게 방해 공작을 펼친 이들은 마침내 무력시위에 나섰다. 1948년 10월 수도청 수사과장 최난수와 노덕술 등 일부 경찰 수뇌부가 반민특위 위원장 김상덕, 대법원장이자 반민특위 특별재판관장인 김병로 등 반민특위 관계자 15명의 암살을 모의했다. 백민태라는 직업 테러리스트가 동원됐다.

하지만 그의 자수로 모의자들은 체포됐다. 경찰은 이에 반발했고 반민특위 사무실을 쳐들어갔다. 그 사이 친일파 단죄를 주장해온 국회 소장파 의원들이 '빨갱이'로 몰려 경찰에 끌려갔다. '빨갱이'는 반공을 명분으로 자신들의 권력을 유지하려는 친일 세력에게는 너무도 좋은 가면이 되었다. 결국, 반민특위는 와해되어갔다.

다시, 1948년 10월 23일과
1949년 6월 6일 사이

"왜 동지를 팔았나?"

안옥윤은 풀려난 염석진에게 이렇게 묻는다. 염석진은 "해방될 줄 몰랐으니까."라며 뻔뻔하게 답한다. 그런 염석진을 향해 총구를 겨누는 안옥윤은 "염석진이 밀정이면 죽여라!"라는 '16년 전 임무!'를 수행한다. 염석진은 몸에 박힌 일본놈들의 총알에 6발의 총탄을 더하며 황량한 벌판에서 쓰러진다.

해방 이후 다양한 모습으로 변신해 또다시 세상 위에 군림해온 숱한 친일의 뻔뻔함에 대한 단죄는 이런 '판타지'로서만 가능한 것일까. 안옥윤의 총탄은 바로 그 단죄의 엄중한 의무를 묻고 있는 것이리라.

연관 검색 영화

밀정(2016년)

감독 | 김지운
주연 | 송강호, 공유, 한지민

친일과 항일 사이, 처절하고 치열했던 시대의 아픔 그리고 양심

1　반민족행위처벌법 4조4항, 1948년 9월 22일 법률 3호 공포(이강수 지음, 《반민특위 연구》 재인용, 나남출판, 2003년)
2　반민족행위처벌법 4조6항, 1948년 9월 22일 법률 3호 공포(이강수 지음, 《반민특위 연구》 재인용, 나남출판, 2003년)
3　《발굴 한국현대사 인물》 1권, 한겨레신문사, 1991년

영화 〈암살〉은?

2015년 1,270만 관객 동원작. 1930년대 조선주둔군
사령관 가와구치 마모루와 친일파 강인국을 제거하기 위해
식민지 경성의 한복판으로 뛰어든 독립투사들의 이야기.
남자현을 비롯해 김상옥 등 실제 항일운동에 목숨을 바쳤던
인물들을 모티브 삼았다. 대한민국 임시정부 주석 김구,
의열단 단장 김원봉도 등장해 당대 항일전선의
긴장감을 드러낸다. 최동훈 감독이 연출하고
전지현, 이정재, 하정우 등이 주연했다.

지슬: 끝나지 않은 세월 2

동백꽃 모가지를 꺾어도

목련은 하얗게 꽃으로 피어난다. 하지만 그 우아한 아름다움을 불현듯 눈치채며 봄이 왔나보다 싶을 때는 이미 늦다. 목련은 그 순간, 꽃잎을 하나둘씩 떨어낸다. 힘없이 떨어진 꽃잎이 봄바람에 실려 가면 벚나무도 새로운 꽃망울을 떨어낼 것이다. 목련에 앞서 동백은 겨울, 붉은 꽃으로 피어난다. 동백은 남녘의 섬, 제주에서도 자라난다. 아마도 초봄에 제주 곳곳에선 동백이 한창이며 유채도 절경을 이룰 것이다. 동백과 유채의 붉고 노란 꽃은, 봄, 제주에서 흐드러진다.

신위神位…
영혼을 모셔 앉히다

1947년 3월 1일 제주북초등학교에서 열린 3·1절 제주도 기념
대회에 참가한 3만여 명의 도민이 대한독립만세를 외치며 거리
로 나섰을 때에도, 직후 한 아이가 경찰의 말발굽에 채였을 때에
도, 이에 항의하는 군중을 향해 경찰이 쏜 총탄에 6명이 숨져간
순간에도 동백은 꽃을 준비했을 것이다. 꽃을 피워 낸 다음 동백
은 뭉텅이째로 버려냈을 것이다. 그래서 동백은 무심했을까.

동백은 겨울이 지나고 봄이 다가오는 사이 꽃을 피워내며 계절
의 변화를 말해주었다. 하지만 오랜 시간 제주 섬사람들에게 동
백이 전하는 계절의 변화는 전혀 변하지 않는 세월일 뿐이었다.
감춰둔, 차마 드러낼 수 없었던, 감추고 숨기기를 강요당했던 '끝
나지 않은 세월'이었다.

그렇기에 동백은 오랜 세월 잔인했다. 혹독한 겨울 추위를 이
겨내고 피어난 꽃의 모가지를 쳐내고서야 한 계절이 지나고 있음
을 알리는 동백의 행위야말로 오래전 벌어졌던 참혹한 학살의 잔
인한 상징이 되고 말았다. 목숨이 목숨으로 여겨지지 못한 채 무
참하고 무고하게 불에 태워지고, 총탄에 스러지고, 한 줌의 동정
도 받지 못한 채 몽둥이질을 당해야 했던 세월을, 동백은 무심하

고 잔인하게 바라보며 자신의 꽃 모가지를 쳐내 버렸다.

그럼에도, 그 잔인하고 비극적으로 떨어진 꽃의 모가지를 되밟지 않으면 계절의 변화는 온전히 사람의 것이 되지 못한다.

신묘神廟…
영혼이 머무는 곳

붉고 노란 꽃의 계절, 수많은 이들이 제주 섬을 찾을 것이다. 제주국제공항으로부터 출발한 관광의 대열은 표선과 애월과 한림과 남원과 성산과 중문과 대정과 안덕 등 곳곳의 볼거리를 누빌 것이다. 서귀포시 표선면 가시리에서는 노란 유채의 정취를 축제의 이름으로 즐길 것이다. 높이 23미터, 너비 8미터, 깊이 5미터, "햇빛이 비쳐 은하수 빛깔로 변하는" 물빛으로, "수묵화"의 느낌을 주는 서귀포 정방폭포¹에서 물줄기의 청량함을 맛볼 수 있을 것이다. 천연기념물 429호, '손바닥 선인장'으로 불리는 백년초 군락이 자리한 제주시 한림읍 월령리에도 사람의 왕래가 잦을 것이다. 사람들은 올레길 곳곳에서 번잡한 일상을 치유하고 스스로를 위안할 것이다.

치유와 위안은 그러나 억울한 죽임을 당한 이들의 것이 아니

다. 숱한 관광객을 오르내리게 하는 매끈한 활주로를 둔 제주국
제공항에서는 2007년 여름부터 2년 동안 모두 380여 구의 유해
가 발굴됐다. 봄, 유채꽃 만발한 가시리에서는 1948년 11월 15일
30여 명의 마을 주민들이 무고하게 그리고 무참히 살해당했다.
월령리는 1948년 1월 군경 토벌대의 총탄에 턱을 잃어 한평생 무
명천으로 얼굴 하관을 두르고 살다 2004년 9월 세상을 떠난 '무
명천 할머니' 고 진아영 할머니와 마을 사람들의 아픔이 가시지
않은 곳이다. 무참한 학살은 올레길 곳곳의 땅에서도 자행됐다.

소지燒紙 …
신위를 태우며 드리는 염원

억울한 죽음과 잔혹한 피살은 1947년 3·1절로부터 전쟁이 끝
난 뒤인 1954년 9월 21일까지 7년 7개월 동안 이어졌다. 죽임의
수는 당시 제주 인구의 10%에 해당하는 3만여 명으로 추산된다.
무자비함은 1948년 5·10 남한 단독선거와 단독정부 수립에 반대
하는 소수의 무장대가 그해 4월 3일 봉기한 이후부터 더해졌다.
이승만 정부는 그해 10월 제주도의 해안선에서 5킬로미터 이상
내륙지역 통행자를 폭도로 간주하는 포고령을 내린 데 이어 11월

계엄령을 선포했다. 무장대를 차단하기 위해 중산간 마을 주민들을 해안마을로 소개했다.

군경 토벌대는 마을을 불태웠고, 무고한 젊은 남자들은 폭도와 무장대로 의심받으며 영문도 모른 채 끌려가 처형당했다. 젊은 남자들이 산으로 도망치고, 남은 부녀자들은 '도피자'의 가족이라는 이유로 희생됐다. 전쟁의 와중에도 인민군을 도울 우려가 있다는 명분 아래 많은 이들이 '예비검속'돼 살해되기도 했다.

안덕면 동광리 마을 사람들은 난리를 피하려고 '큰넓궤'(큰 동굴)로 숨어들었다. 컴컴한 굴속에서 이들은 미처 함께 도망치지 못한 가족과 키우던 발정 난 돼지를 걱정했다. 장가 못 간 총각의 앞날을 농담으로 걱정하며 이웃의 정감 어리고 순박한 웃음을 주고받았다. 하지만 난리에서 벗어날 수 없었다. 몇몇 남정네는 큰넓궤에서 살아남기 위해 그나마 식량으로 가져온 말린 고추를 태우며 그 숨 막힐 듯 매캐한 연기로 토벌대의 접근을 애써 막으려 했다. 헛일이었다. 아이를 낳아야 할 때를 맞은 생이 엄마는 부른 배 때문에 굴에서 끝내 빠져나오지 못했다. '낮은 포복'으로야 간신히 기어 나올 수 있는 지름 1미터의 동굴 입구에서 아이는 엄마를 놔주지 않았다.

동굴에서 빠져 나온 생이 아빠와 사람들은 정방폭포로 끌려가 총을 맞았다. "잿빛 바다 위로 흐린 하늘이 담요처럼 칙칙하게 걸려 있던 그 날, 폭포 맨 꼭대기의 풀밭으로 한꺼번에 끌려 나와 세워진 백여 명의 사람들. 젊은이부터 노인까지, 남자와 여자들, 그리고 열 살도 안 된 아이들"[2]이었다.

◆

"제주도는 지옥이었고 지옥이 바로 그 섬"이었던 때, 임철우는 "이십육만여명의 섬 주민들은 한날한시, 그 지옥 속으로 한 사람도 빠짐없이 초대되었다"[3]라고 썼다. 태평양전쟁 말기 일제가 6만 5,000여 명의 병력을 앞세워 군사기지화하고, 제주국제공항 자리에 '정뜨르 비행장'을 세우면서 친일경찰을 키워냈던 곳. 그 경찰이 "일본기 히노마루 붉은 원의 반쪽에다 검은 먹칠 바르고 네 귀엔 옻칠을 그려 넣어 만든 헐어빠진 기"[4]를 든 토벌대가 되어 무참한 학살을 자행했던 곳. "육지 중앙정부가 돌보지 않던 머나먼 벽지, 귀양을 떠난 적객들이 수륙 이천리를 가며 천신만고 끝에 도착하던 유배지, 목민牧民에는 뜻이 전혀 없고 오로지 국마國馬를 살찌우는 목마에만 신경 썼던 역대 육지 목사牧使들, 가뭄이 들어 목장의 초지가 마르면 지체없이 말을 보리밭으로 몰아 백성의 일년 양식을 먹어치우게 하던 (…) 천더기의 땅, 저주받은 땅, 천형의 땅."[5] 어쩌면 제주 섬이 지나온 오랜 세월의 비극성이야말로 그 자체로 "지옥이었고, 결국 지옥이 바로 그 섬"이 되어 버린 무참하고 무고한 죽음의 근원이 아닐까.

제주 섬의 많은 마을에서, 숱한 이들이 '한날한시'에 제사를 지낼 것이다. 그들이 신위를 태우며 빌 염원을, 70여 년이 지난 지금에도 구천을 떠돌며 떠나가지 못하고 있을 수많은 영혼은 들을 수 있을까.

연관 검색 영화

로마(2018)

감독 | 알폰소 쿠아론
주연 | 알리차 아파리시오, 마리나 데 타비라

너무도 아름다운 흑백영화의 진수

1 '비짓제주', 제주도 공식 관광정보 포털.
2, 3 임철우 지음, 《백년여관》, 한겨레신문사, 2004년
4 현기영 지음, 소설 《도령마루의 까마귀》, 《순이삼촌》, 창비, 2015년
5 현기영 지음, 소설 《해룡 이야기》, 《순이삼촌》, 창비, 2015년

영화 〈지슬 : 끝나지 않은 세월 2〉는?

제주 4·3사건에 휘말린 순박한 이들의 아픔을
흑백의 화면에 담았다. 1948년 겨울, 제주도 서귀포시
안덕면 동광리 150여 주민들이 무장대를 진압하려는
군경 토벌대의 폭력을 피해 '큰넓궤'(큰 동굴)로 숨어든 실화.
주민들은 두 달여 만에 토벌대에 발각돼 정방폭포에서 학살됐다.
'신위' '신묘' '음복', '소지' 등 제사의 절차를 내세운 이야기 구성으로
희생자들을 위로한다. '지슬'은 감자의 제주도 사투리.
제목에 '2'를 붙인 것은 4·3 이야기 '끝나지 않은 세월'을 찍다가
2005년 세상을 떠난 김경률 감독을 기리는 의미다.
연출자 오멸 감독은 '총 제작 지휘'로 김 감독을 추모한다.
2013년 선댄스 영화제 심사위원 대상 수상작이다.

웰컴 투 동막골

Welcome to Peace!

강원도 홍천군 내면 율전리 살둔마을. 여행플래너 최정규가 펴낸《죽기 전에 꼭 가봐야 할 국내 여행 1001》[1]에 따르면 살둔마을은 '사람이 기대어 살 만한 둔덕'이라는 뜻을 지녔다. 마을은 한동안 민간에 은밀히 전해져 내려오던 일종의 예언서인《정감록》이 '환란을 피할 수 있는 7곳' 즉, '3둔4가리' 가운데 하나로 꼽은 곳이다('가리'는 계곡 속 넓은 터를 뜻한다). 살둔마을은 그 중 마을의 형태를 간직한 유일한 곳이다.

살둔마을과 비슷한 지형으로 역시 환란을 피할 수 있었던 곳,

강원도 강릉시 연곡면의 부연마을이 있다. 마을은 한때 '가마소'라 불렸다. '가마솥처럼 생긴 깊은 연못'이 있었기 때문이다. 공교롭게도 살둔마을을 비롯한 3둔4가리는 대부분 강원도 인제 방태산 자락에 자리하고 있다. 부연마을도 오대산 두로봉 골짜기에 일찌감치 터를 잡았다.

이처럼 마을은 오랫동안 산으로 둘러싸였다. 산이 품어놓은 그리 넓지 않은 대지 위에서 살림살이를 꾸려온 사람들은 긴 세월 옥수수와 감자를 심고 수확해서 먹고 살았다. 산은 높아서 외부 문명의 손길은 마을까지 닿을 수 없었다. 마을과 마을 사람들이 환란을 피할 수 있었던 이유다. 지금에서야 산촌체험마을 따위의 이름으로 호기심 가득한 외지인들의 발길이 잦아졌지만, 바깥세상 사람들이 마을의 존재를 알기까지는 꽤 오랜 시간이 걸렸다.

가장 연약한 '평화'를 지키는 일

마을에서 사람들은 오랜 세월 가장 순박한 이웃의 정으로 서로를 보듬으며 살았다. 자신들이 땀 흘려 일구는 밭을 온통 엉망으로 만들어 놓으며 시도 때도 없이 출몰하는 멧돼지의 안위까지 걱정하는 이들이었다. 그 정과 걱정 사이에 어떤 탐욕과 갈등도 존재할 리 없었다. 전란의 참혹함에 떨고 있는 바깥세상과도 무관한 삶이었다. 설령 전란의 소식이 전해진들, 본래 자신들이 살아온 삶의 경험과 방식대로라면 그것은 대체 상상할 수 없는 것이었다.

이들의 의지와는 상관없이 사실 마을은 '대단히 중요한 전략적 요충지'로 바깥세상에 비쳤다. 마을을 손에 넣지 못하면 전쟁에서 패배할 수밖에 없다고, 서로 총칼을 겨눈 각 적대적인 세력들은 추정했다. 마을은 한순간 군사기지가 되어 버렸다. 살둔마을 인근, 그 유명한 곰배령처럼.

갖은 들꽃이 무성한, 천혜의 환경으로 여전히 사람의 발길이 닿지 않은 듯, 자연 그대로의 모습을 간직한 곳이라 믿어지는 곰배령과 그 인근은 한때 군사적 요충지로 통했다. 그래서 이곳에서는 때로, "파랗게 녹슨 탄환과 군화, 철모, 총알 등이 무더기로 발견"[2]되기도 했다. 그리하여 전쟁을 승리로 이끌려는 세력에게 마을은 결코 포기할 수 없는 곳이었다. 일방의 폭격은 그렇게 감행됐다.

그곳, 마을에서 남과 북의 병사들은 끝내 봄을 맞지 못했다. 가을날의 치열한 전투에서 낙오한 병사들은 서로 적군인 채 겨울로 접어드는 마을에 스며들었다. 서로를 용납할 수 없었던 폭력의 진앙 위에서 이들은 서로를 겨눴다. 그들 사이에 마을 사람들이 있었다. 마을 사람들에게 병사들은 그저 자신들의 궁핍한 살림살이에 잠시 들른 손님일 뿐이었다. 마을 사람들의 순박함은 병사들이 들고 온 소총과 수류탄을 한낱 무쇠 덩어리로 녹여 냈다. 총은 거두어졌고, 수류탄은 어이없게도 곳간에 쌓인 옥수수를 부풀려 달콤한 강냉이로 튀겨내는 데 소용됐다.

병사들은 그렇게 마을 사람들이 되어 갔다. 그리고는 겨울이 채 가기도 전에 쌓인 눈 가득한 강원도 함백산 정상으로 올라 눈처럼 쏟아지는 포탄을 온몸으로 맞아들이기로 결심했다. 병사들은 그저 묵묵히 몸으로 위험을 막아야 하는 것을 자신들의 마지막 임무라고 생각했다. 그럼으로써 지켜내야 할 마을의 평온함만이 오롯한 목표라 여겼다. 그것만이 전란과는 무관한 또는 전란을 상상조차 할 수 없었던 마을 사람들의 순진무구한 공동체를 지켜내는 것이라고 병사들은 믿었다.

그래서 맨몸으로 나설 수 있었다. 한 마리 나비가 날아든 건 그때였다. 희미한 노란 빛을 내는 나비는 너울너울 춤을 추며 날아왔다. 날아온 나비는 피로에 절어 깊이 잠든 병사들 사이를 오가며 평온함의 기운을 불어넣었다.

꽃들의 사랑을 전하는
나비처럼

나비는 때로 두 마리로, 세 마리로, 네 마리로…, 수천의 날갯짓으로 불어나곤 했다. 아름다운 무리가 되어 나비들은 온 힘을 다했다. 나비들은 연약한 날갯짓이나마 사람들의 세상일에 끼어들려 했다. 그것은 또 대단히 자연스러운 행위였다. '꽃들의 사랑을 전하는'[3] 나비들이 그사이를 날아다니지 않고서 소박한 들꽃들은 본래 야생의 화사한 건강함으로 피어날 수 없다. 나비의 날갯짓으로 봄꽃은 피어날 것이었다.

마을 사람들의 하늘 아래 더없이 천부적인 순박함을, 마을 사람들의 땅 위 더할 나위 없는 태생의 인간적 삶을 지켜주려 했던 병사들은 기어이 눈 쌓인 산으로 올라 폭격기가 쏟아내는 포탄을 맞아들였다. 애초 부여받았던 이념과 사상 따위는 중요하지 않았다. 순박함과 인간적 삶을 영위하려는, 그것이 당연한 하늘과 땅의 이치임을 믿고 살아왔던 마을 사람들과 함께 살고 싶어서였다.

병사들과 나비의 운명은 한 가지였다. 2018년 4월 27일 밤 판문점 남측지역 평화의 집 외벽에도 한 마리의 나비가 날아들었다. 본래 하나였던 땅을 둘로 가르고 그사이에 무쇠의 잔혹한 무기를 앞세운 적대적 철조망 가시가 들어섰지만, 나비는 개의치 않았다. 너울너울 날갯짓으로 그 위에 사뿐히 내려앉았다. 어느새 가시 위에 꽃이 피었다. 나비는 두 마리로, 세 마리로, 네 마리로… 불어나 한 송이, 두 송이, 세 송이… 꽃을 피워냈고, 꽃이 되었다. 대륙과 해양을 잇는 '전략적 요충지'에 대한 탐욕으로 오랜 세월 갖은 무력의 침입이 잦았던 반도에도 봄은 그렇게 찾아왔다. 물론 봄은 아직 완연하지 않다. 엄중한 현실은 오히려 또다시 겨울의 혹독한 추위가 몰아닥칠 수도 있음을 드러내고 있기까지 하다.

◆

그렇더라도 이미 한 떨기 피어난 꽃 한 송이는 언젠가 두 송이, 세 송이의 덩굴로 불어나 철제의 가시를 녹여 내며 거대한 평화의 기운으로 온 천지를 감쌀 것이다. 그래서 사람들은 비로소 한 마리 나비의 연약한 날갯짓이 가져다준 평온함의 소중함을 기억할, 또 기억하려 할 것이다.

Welcome to Peace!

연관 검색 영화

묻지마 패밀리(2002)

감독 | 박상원, 배종(박광현), 이현종
주연 | 정재영, 신하균, 류승범

〈내 나이키〉 편, 배종 감독의 재능을 확인하라!

지중해(1993)

감독 | 가브리엘 살바토레
주연 | 디에고 아바탄투오노, 클라우디오 비가글리

시리도록 눈부신 평화, 이제 도피하지 않는다

1 최정규 지음, 《죽기 전에 꼭 가봐야 할 국내 여행 1001》, 마로니에북스, 2010년(네이버 지식백과 재인용)
2 〈천상의 화원 곰배령…초록 바람 눈부시다〉, 한국일보, 2017년 5월 23일
3 〈나는 나비〉, 박태희 작사작곡, 윤도현밴드 노래, 2006년

영화 〈웰컴 투 동막골〉은?

옴니버스 영화 〈묻지마 패밀리〉의 〈내 나이키〉로
재능을 인정받은 배종(박광현) 감독의 2005년 작품.
전국 관객 643만여 명으로 그해 흥행 1위에 올랐다.
낙오한 남과 북, 미군 병사들이 강원도 함백산 자락의 마을
동막골에 스며들어 마을 사람들과 어우러지며 화해해간다.
하지만 전란의 무자비함은 이들을 그냥 내버려 두지 않는다.
정재영, 신하균, 강혜정 등이 주연하고 순박한 마을 사람들을
연기한 다수의 조연 연기자들이 맛깔난 강원도 사투리로
전쟁의 참혹함 속에서도 되레 감동의 웃음을 안겼다.
장진 감독의 동명 연극을 영화화했다.

화려한 휴가

잔인한 봄날, 그 후

하필 학과 동기생의 생일이었다. 이른 저녁부터 값싼 안주에 몇 병의 소주를 사이에 두고 동기생들은 어두컴컴한 학사주점 한구석에서 낄낄거리고 있었다. 한 친구가 술집으로 뛰어 들어 왔다.

"야! ㅇㅇㅇ 형이 끌려갔어!"

동기생들은 '그래서 뭘 어쩌라는 거냐'는 표정으로 눈을 깜빡였다. 동기생들의 무심한 반응에 분을 삭이지 못한 친구는 이내 자리에 한 바가지 욕설을 퍼붓고는 다시 뛰쳐나갔다. 학과 선배인 ○○○이 너른 잔디광장에 자리 잡고 앉은 그 날, 햇살은 맑았다. 선배는 예비역으로 불린 복학생이었다. 한쪽 다리가 다소 불편한 장애인이었던 그는 여느 복학생들처럼 도서관과 강의실만을 오갈 뿐 다른 곳에는 눈을 돌리지 않는, 평범한 대학 2년생이었다. 그런 그가 본관 옆 '민주광장'에 모여든 400여 명의 무리 사이에서 착잡한 표정으로 앉아 있었다.

무리는 집회를 마친 뒤 구호를 외치고 노래를 부르며 교문 밖으로 향했다. 선배도 그 틈에 섞였다. 교문 밖에서는 대기하고 있던 경찰들이 대열을 재정비하고 있었다. 교문을 사이에 둔 치열한 투석전을 예고했다. 아직 최루탄이 터지기 전인데도 어떤 여학생들은 두꺼운 파일을 품에 안고 한 손으로는 코를 막은 채 급하게 교문을 빠져나가기도 했다.

뜻밖에도 무리는 평소처럼 캠퍼스 바닥을 헤집어 보도블록을 빼내 깨지 않았다. 깨어진 보도블록 조각은 늘 투석전에 쓰였다. 보도블록은 오로지 그것에만 쓰이도록 보이기까지 했다. 하지만 이날 무리는 그것에 손을 대지 않았다. 그저 구호를 외치고 노래를 부르며 교문 밖으로 '평화적으로' 나아갔다.

목숨을 내걸고야 웃을 수 있는
잔인한 역설

그때였다. 경찰이 최루탄을 쐈다. 펑!, 펑! 허공에서 터진 최루탄은 맵도록 희뿌연 분말과 대나무 탄피의 파편을 쏟아 내렸다. 허둥지둥하는 무리를 향해 곤봉을 쳐든 백골단과 방패를 든 '방석복'들이 달려들기 시작했다. 그리고는 교문 안으로까지 진입했다.

앞서거니 뒤서거니 달아나던 무리 가운데 일부가 넘어졌다. 다리 불편한 선배가 휘청거렸다. 경찰은 그의 뒷덜미를 잡아끌고 갔다. 끌려간 이들은 수십여 명이었다. 소식을 들은 또 다른 무리가 새롭게 전열을 구축했고, 숫자는 1,000여 명으로 불어났다. 결국, 학교 측이 나서서 경찰에 학생들의 석방을 요청했다. 몇 시간이 지나 선배는 풀려났다. 돌아온 선배는 소주를 들이켜며 아무 말도 하지 않은 채 눈물을 흘렸다.

그가 무리와 함께 광장에 자리 잡고 앉았던 것은 한때 자신의 고향에서 벌어졌던 참혹한 현장을 도저히 잊을 수 없기 때문이었다. 이웃에 살던 누군가가, 친구 중 어떤 이가 세상을 떠났거나 상처를 입었거나 아니면, 사라져 버렸을지도 모른다. 그 아픔을 아무에게도 드러내지 않았던 그가 남도의 어느 한 도시 출신이었음을 안 것은 바로 그날이었다.

그의 고향에서는 한 청년이 택시를 몰며 살아가고 있었다. 흉흉했던 시절, 그는 고교생인 동생을 찾으러 거리로 나섰다. 동생은 군중 속에 섞여 있었다. 부모를 일찍 여읜 그는 우등생인 동생에게서 살아가는 힘을 얻곤 했다. 그런 동생이 무참한 폭력 앞에 놓이는 위험천만한 상황을 두고 볼 수 없었다. 하지만 폭력 앞에서 그 누구도 무사할 수 없었다. 그래서 청년은 도청을 향해 나아갔다. 인간으로서 지닌 최소한의 양심 아니 존엄성을 저버릴 수 없었다. 숱한 사람들은 양심을 외면할 수밖에 없었지만, 그는 그러지 않았다. 그것은 목숨을 내건 것이기도 했다.

결국 목숨을 잃었다. 그 최후의 순간에 그는 환하게 웃었다. 그만이 아니었다. 동료 택시기사와 잘 나가던 제비족과 고등학생과 예비역 육군 대령 등 수많은 소시민, 모두가 환한 웃음을 지었다. 대체 목숨을 내걸고서야 비로소 웃을 수 있는 그 잔혹한 역설의 정체는 무엇일까. 살아남았다면 신랑이 되었을 청년을 옆에 두고 신부는 웃지 않았다. 아니 웃을 수 없었다.

목숨을 내걸고서 웃었던 자들은 원하지 않았던 죽음을 맞았다. 살려고, 살아내려고 몸부림쳤지만 끝내 무력할 수밖에 없었던 떼죽음이었다. 그 수많은 죽음 앞에서 신부는 웃어서는 안 되었다. 신부는 그렇게 떼려야 떼어낼 수 없는 굵은 생채기의 딱지를 오래도록 가슴에 품은 채 아파했을 것이다.

기억이 우리에게 가져올
언젠가의 약속

독일의 시인 베르톨트 브레히트Bertolt Brecht는 털어놓았다. "그 많은 친구보다 오래 살아남은" 자신에게 바로 그 친구들이 꿈에 찾아와 "강한 자는 살아남는다."라고 되레 위로를 건넬 때 "자신이 미워졌다."[1]고. 하지만 떼죽음은 약한 자들이어서 당했던 것이 아니었다. 더없이 강했기에 죽음은 찾아오고 말았다. 그렇기에 떼죽음은 스스로를 미워할 수 없다. 오히려 스스로를 미워하는 것은 슬픔을 안고 살지 않으면 안 되는 수 없는 '살아남은 자'들의 몫이 되어 버렸을지 모르겠다.

이 같은 짐작은 떼죽음의 실상조차 제대로 알지 못하는 자의 어렴풋한 정서적 공감에서 나온 것만은 아니다. "한 사람의 생애에서 더러는, 저 혼자 힘으로는 결코 건널 수 없는, 운명과도 같은 거대한 강물과 맞닥뜨리기도 하는 법이다."라고 말한 작가 임철우는 "그 도시에서 바로 그 강과 마주쳤을 때 스물여섯 살의 대학 4년생"[2]이었다. 그는 "분노와 죽음의 공포에 치 떨며, 그 버려진 도시에서 그들만의 힘으로 홀로 견뎌내야 했던 봄날 열흘의 낮과 밤"[3]을 힘겹게 돌아보며 그곳에 있었던 세 형제의 이야기를 대하소설 《봄날》에 담아냈다.

무려 10년의 세월을 이 문학적 기록에 매달렸던 그는 이미 1980년대 초반부터 "운명과도 같은 강물"을 건너려다 수없이 주저앉곤 했나 보다. 숱한 비유와 은유로써 남도의 도시에서 벌어졌던 참혹했던 일들을 소설로 진술해왔지만, "자료들을 뒤적여가다가 나도 모르게 울분에 차올라 혼자 책상에 앉아 컥컥 울음을 터뜨린 적도 많았다."[4]라고 고백했다. "어차피 고통은 그것을 기억하는 사람의 몫일 수밖에 없다."[5]라는 그 '어쩔 수 없는 무참함'을 그는 한시도 잊지 않았을 것이다.

작가 한강도 열다섯 소년 동호와 그 주변 인물들이 겪었던 "봄날 열흘의 낮과 밤"에 대해 이야기했다. 그 역시 "당신들을 잃은 뒤, 우리들의 시간은 저녁이 되었습니다. 우리들의 집과 거리가 저녁이 되었습니다. 더 이상 어두워지지도, 다시 밝아지지도 않는 저녁 속에서 우리들은 밥을 먹고, 걸음을 걷고 잠을 잡니다." 라면서 "당신이 죽은 뒤 장례식을 치르지 못해, 내 삶이 장례식이 되었습니다."[6]라며 아파했다.

◆

무심코 살아가는 또는 애써 잊으려 살아가는 일상으로 끊임없이 찾아오는 고통스런 기억 탓이다. 그리고 한강은 물었다. "인간은, 근본적으로 잔인한 존재인 것입니까? 우리들은 단지 보편적인 경험을 한 것뿐입니까? 우리는 존엄하다는 착각 속에 살고 있을 뿐, 언제든 아무것도 아닌 것, 벌레, 짐승, 고름과 진물의 덩어리로 변할 수 있는 겁니까? 굴욕당하고 훼손되고 살해되는 것, 그것이 역사 속에서 증명된 인간의 본질입니까?"[7]

40년 전 5월, 남도의 땅 광주에서 벌어졌던 참혹한 일들과 관련해 난무하는 왜곡과 부정의 망언 그리고 시선들. 무참한 폭력과 학살의 희생자들에 대한 죄스러움을 결코 털어낼 수 없어 그나마 최소한으로나마 존엄해지려 애쓰는 '살아남은 자'들까지 비웃고 있다고 한강은 그렇게 뼈아픈 물음으로 가리키고 있다.

연관 검색 영화

26년(2012)
감독 | 조근현
주연 | 진구, 한혜진

광주 학살 후 26년. 대체 용서는 가능한가

1 베르톨트 브레히트, 시 《살아남은 자의 슬픔》, 시집 《살아남은 자의 슬픔》, 김광규 옮김, 한마당, 2014년
2, 3, 4, 5 임철우 지음, 《봄날》 1권, 문학과지성사, 1997년
6, 7 한강 지음, 《소년이 온다》, 창비, 2014년

영화 〈화려한 휴가〉는?

5·18 광주민주화운동을 드라마로 구성한 작품.
부모를 일찍 여의고 고교생인 동생과 살아가는 택시기사 민우,
그가 짝사랑하는 간호사 박신애와 그 아버지인 예비역 육군 대령
박흥수 등 소시민들이 겪어야 했던 1980년 5월 광주의 이야기다.
2007년 김지훈 감독은 광주 시민들을 향한 진압군의 발포 장면 등
역사적 사실을 바탕으로 이야기를 풀어나갔다.
김상경, 안성기, 이요원, 이준기가 주연했다.
제목은 당시 계엄군의 진압 작전명이다.

1980
0518

1987

　스물여덟 살 오 모 씨와 그보다 한 살 아래인 이 모 씨는 토요일
이던 1987년 6월 13일 오전 11시 서울 명동성당에서 혼배미사를
올리며 결혼했다. 이들의 행복한 출발을 300여 명의 하객이 축하
했다.[1] 이들의 결혼식 직후인 정오에도 또 한 쌍의 혼배미사가 예
정되어 있었다. 하지만 신랑신부와 그 가족들은 예식 장소를 옮
겼다. 성당 입구에 관련 사항을 공지해 붙여 하객을 안내했다. 공
고문 옆에는 오 씨와 이 씨의 혼배미사가 예정대로 치러진다는
또 다른 공고문이 붙었다. 모든 결혼식이 취소된 것으로 하객들

이 혼동할 것을 우려한 오 씨 부부의 조치였다.[2]

성당 밖에선 피곤한 얼굴을 한 어두운 녹갈색의 방석복을 입은 검은 방석모들이 횡대와 종대로 한 무리를 이루고 있었다. 그 철통같은 대열 속을 결혼식 하객들만이 오갔다. 오 씨와 이 씨의 혼인을 축하하는 또 다른 하객들은 성당의 본당 밖 광장에도 있었다. 나흘 전 밤 성당으로 스며든 700여 명의 학생과 시민들이었다. 이들은 결혼식을 마치고 본당 밖으로 빠져나오는 신랑 오 씨와 신부 이 씨의 앞날을 축복해주었다.

신념과 희망이 바꾼 시간

성당 바로 옆 계성여고생들은 매일 자신들의 도시락을 학생들과 시민들에게 기꺼이 건네주었다. 서울 상계동에서 건너온 달동네 사람들은 학생들과 시민들에게 밥을 해 먹였고 반찬을 차려주었다. 달동네 사람들은 학생들과 시민들보다 한참 먼저 성당광장에서 이슬을 이불 삼았던 터였다. 88서울올림픽을 앞두고 서울의 초라하고 가난한 풍경을 내보이기 싫었던 정권의 불도저에 의해 자신들의 판잣집이 무참히 짓밟힌 다음이었다.

학생들과 시민들과 달동네 사람들과 가톨릭 사제들과 수녀들과 성당 밖의 무수한 이들은 매일 밤 방석모들의 대열을 사이에 두고 서로를 위해 촛불을 밝혔다. 이 광경을 안타까움 속에 지켜 보던 어머니들은 방석복의 대열 앞으로 당당히 나아가 방석모의 철망이나 방패에 꽃을 꽂아 주기도 했다. 혹여 학생, 시민들과 방 석모들 사이에 벌어질지도 모를 투석전에 대비하려 헬멧을 쓴, 최루가스의 매캐함을 어떻게든 최소화하려 방독면으로 '중무장' 한, '보도' 완장의 사진기자들은 이 같은 광경 앞에서 눈물로 셔터 를 눌러댔다.

하지만 꽃은 금세 시들곤 했다. 어머니들은 방석모의 철망이나 방패의 윗선에서 시들어버린 꽃잎을 어루만졌다. 그렇게 눈물을 흘리며 평화를 갈구한 어머니들은 끝내 힘없이 되돌아서야 했다. 방석모의 대열 속에서 누군가 훌쩍이는 소리가 들리기도 했다. 그 뒤로 상관인 자의 욕설이 터져 나왔다. 그들 사이사이에서 '청 청패션'들이 매서운 눈매를 거두지 않고 있었다.

'청청패션'들은 성당 입구는 물론 서울 도심 곳곳에서 길을 지 나는 모든 시민을 경계하고 있었다. 청재킷(그래서 이들을 '청카바'라 부르기도 했다)에 청바지를 입고 헬멧을 옆구리에 낀 채 방독면 주 머니를 어깨에 비켜 멘 이들은 저마다 운동화를 신고 있었다. 날 렵해 보였다. '백골단'이었다.

이들은 때로 대열을 벗어나 방독면 주머니와 엇갈리게 멘 또 다른 주머니에서 꺼낸 '사과탄'(KM25탄 · 총에 장전해 쏘는 통조림 모양의 SY44탄과는 달리, 작은 사과처럼 생긴 최루탄의 일종)을 시위 군중을 향해 내던지며 순식간의 힘으로 달려 나오곤 했다. 발차기나 날아차기, 곤봉 휘두르기 등의 실력이 뛰어났다. 이들이 대열을 벗어나 달려올수록, 시민들은 무력해졌다.

모두가 주인공이었던
그때, 그곳

백골단은 앞서 그해 1월 26일 오후 서울 종로5가 기독교회관 앞에서도 포진했다. 기독교회관에는 CBS 방송사가 입주해 있었다. 이날 CBS 라디오는 시사프로그램을 생방송했다. 하지만 방송은 한 시간여 만에 중단됐다. 한참 동안 음악만이 흘러나왔다. 12일 전 치안본부(현 경찰청)의 서울 남영동 대공분실에서 한 대학생이 물고문 끝에 숨져간 비극과 관련해 '고문은 사라져야 합니다'는 제목으로 방송하던 중이었다.[3]

소식을 들은 수십여 시민들이 기독교회관 앞으로 몰려들었다. 누군가의 선창으로 시작된 구호를 시민들은 두려움 속에 따라 외쳤다. 백골단이 예의 날렵함으로 달려오고 있었다. 시민들은 서로 어깨를 걸고 스크럼을 짰다. 하지만 백골단의 무력 앞에서 스크럼은 무너졌다. 시민들은 거리를 내달려 도망쳤다. 백골단은 종로3가 파고다공원(현 탑골공원) 앞까지 집요하게 시민들을 뒤쫓았다. 그리고 기어이 몇몇의 멱살을 잡아끌고 가며 씩씩거렸다. 시민들은 그렇게 늘 권력의 폭력에 밀려나고 밀려났다. 6월 10일 밤 학생들과 시민들은 결국 명동성당에 스며들 수밖에 없었다.

학생들과 시민들과 달동네 사람들과 성당 밖 수많은 이들은 대통령을 자신들이 직접 뽑지 못하게 하는 정치를 규탄했다. 아니, 폭력으로 권력을 찬탈한 뒤 국민을 억압하고 통제하는 것을 더는 참을 수 없었다. 권력은 여전히 무너지지 않을 듯 굳건했지만, 학생들과 시민들과 달동네 사람들과 성당 밖 수많은 이들은 승리를 믿고 또 믿었다.

실제로 승리는 다가왔다. 6개월 뒤 이들은 대통령을 제 손으로 뽑을 수 있게 됐다. 하지만 이제 좀 더 나은 세상을 만들어 줄 것이란 기대를 모았던 야당의 유력 정치인들은 분열하고 말았다. 직전의 부정한 권력의 후계자가 그 자리를 비집고 들어섰다. 치열했던 거리의 싸움과 싸움으로부터 싹튼 희망은 허망해지고 말았다. 그래도 사람들은 쉽게 절망하지 않았다. 순간의 아픔을 딛고 일어서 다시 저항과 싸움을 이어갔다. 이미 승리의 경험을 가졌기 때문이었다.

경험은 신념을 낳고, 신념은 새로운 희망을 가져다준다. 정의로운 싸움은 부정함과 불의를 물리치는 경험을 안겨주었다. 그래서 경험은 '이길 수 있다' '정의로운 세상을 만들 수 있다'는 신념을 갖게 해주었다. 조금 더디고 지난하며 쓰라린 고통의 과정이더라도 그렇게 나아가 '이겼다, 이기고 말 것이다'는 믿음을, 사람들은 갖게 됐다.

희망은 거기서부터 생겨난다. 새롭게 피어나는 희망은 아픈 경험에서부터 신념으로 이어지는 길 위에서 피어난다.

결국, 세상이 누구의 편인지도 경험과 신념과 희망은 알고 있는 셈이다. 영화 〈1987〉이 '모두가 주인공이었다'고 말할 수 있는 이유다.

연관 검색 영화

지구를 지켜라!(2003)

감독 | 장준환
주연 | 신하균, 백윤식

장준환 감독의 장편영화 데뷔작. 상상은 정말 세상을 바꿀 수 있다

---

1 〈學生(학생) 끌려가자 "왜 데려가" 빼돌려〉, 동아일보, 1987년 6월 13일
2 〈6·10 집회, 明洞(명동) 시위…市街(시가), 檢察(검찰) 표정〉, 경향신문, 1987년 6월 13일
3 〈CBS '拷問(고문) 특집' 生放(생방) 중 中斷(중단) 소동〉, 동아일보, 1987년 1월 27일

영화 〈1987〉은 ?

1987년 1월 서울대생 박종철이 치안본부 서울 남영동
대공분실에서 경찰의 물고문으로 숨진 뒤 그해 6월 수백만의
시민과 학생이 민주화를 요구하며 거리로 나설 때까지 이야기.
경찰은 고문치사 사건을 은폐·조작하지만, 기자와 검사와
교도관과 재야인사 등은 끈질기게 그 진실을 밝히려 애쓴다.
장준환 감독이 연출한 영화는 마치 다큐멘터리처럼 당시 상황을
사실적으로 그리며 시대적 의미를 부여하고,
여기에 실존 인물들의 에피소드를 적절히 버무려
드라마의 '재미'도 빚었다. 우뚝한 '주인공' 없이
강동원, 김윤석, 김태리, 설경구, 하정우, 유해진, 박희순, 이희준 등
배우들의 활약이 두드러진다.

공동경비구역 JSA

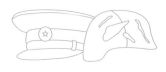

식민의 시대, 한반도 남반부와 북반부를 각각 상징하는 도시는 경성과 평양이었다. 두 도시에서 살아가는 이들의 자존심은 운동 장에서 격돌했다. 운동장은 나라를 빼앗긴 아픔 속에서 민족적 자부심으로 단합을 꿈꾼 마당이기도 했다. 1929년 경평축구대항 전이 그렇게 시작됐다.

물론, 축구만 했던 건 아니었다. 백구구락부와 연광구락부도 있었다. 각기 경성과 평양을 대표하는 빙상단체였다. 경평축구 못지않게 두 팀은 치열한 경쟁의식을 드러냈다. 1932년 1월 18일자 동아일보는 그 치열함을 다음과 같이 보도했다.

"경평 대항 빙상 경기는 예정대로 16일 오전 10시 대동강상 연광정하에서 개최되엇다. 염려되는 일기도 전야로부터 온도가 내려 얼음도 조아지기 때문에 경기는 원만히 진행되엇다. 관중은 무려 일만여명을 돌파하얏다. 오후 5시 대항전을 맞추니 성적은 대접전의 끝에 사십대 삼십구로 경성 백구활 빙구락부팀이 승첩하얏다."[1]

구시대의 레토릭 대신
새로운 시대의 명분이 필요하다

경평의 젊은이들은 빙구氷球, 즉 아이스하키로도 맞붙었다. 동아일보는 1964년 9월 10일 자에서 "6·25 동란 전에 가졌던 경평 대항 아이스하키전이 부활하였다. 9일 동대문 실내 링크에서 열린 제2회 경평전은 40세 이상의 왕년 선수로 구성된 OB전에서 서울팀이 3대2로 이겼고, 현역전은 평양팀이 연장전 끝에 7대6으로 신승하였다."[2]라고 썼다. 제1회 경평 대항 아이스하키전은 보도처럼 해방 직후 서울에서 열렸던 것으로 전해진다.

이 같은 역사적 사실은 2018 평창 동계올림픽 여자 아이스하키 남북단일팀을 바라보는 시선에 절묘함을 더했다. 적어도 '우리의 소원은 통일'이며 '꿈에도 소원은 통일'이라는 '당위'를 전혀 의심해보지 않은 눈에는 그랬다. 나아가 또 하나의 감동을 기대하게도 했다.

하지만 대학생인 딸아이는 도발적으로 물었다.

"통일을 꼭 해야 해?"

"응? 원래 하나의 민족이고, 원래 하나의 나라였으니까…."

그런 논리가 어디 있느냐는 듯한 눈빛으로 의심을 거두지 않은 아이는 "그냥 지금 이대로, 다만 평화를 유지하면서 살아가는 게 낫지 않을까?"라고 되물었다. 입을 다물고 말았다. '우리의 소원은 통일'만을 되뇌며 살아왔던 가치가 더는 설득력을 갖지 못한다는 것을, 도발적인 질문의 저의는 냉정하게 지적하고 있었다.

권력을 사유화한 혐의로 국민으로부터 파면당한 전직 대통령은 "통일은 대박"이라고 외쳤다. 실천의 의지 없는 레토릭에 불과했던 것임이 이미 드러났지만, '한 민족, 한 나라' 운운함 역시 구체성과 설득력이 현저하게 결여된 답변으로, 도발적 질문의 저의에는 들릴 것이었다. 당위와 저의 사이의 간극은 대체 어디서부터 생겨난 것일까.

때론 적으로, 때론 하나로
시작은 거기서부터

"우리 공화국에선 왜 이런 걸 못 만드나 몰라."

북한군 중사 오경필은 남한 병장 이수혁이 내민 초코파이를 한 입에 밀어 넣고는 오물거리며 말했다. 두 개의 부드러운 비스킷 반죽에 초콜릿을 입히고 이를 마시멜로로 이어붙인 초코파이의 달콤함에 오경필은 반하고 말았다.

이수혁은 남몰래 '돌아오지 않는 다리'를 오가며 오경필과 그의 부하 정우진에게 초코파이를 건넸다. 그 사이 이수혁의 졸병인 일병 남성식도 합류했다. 이들은 북한군 초소에 모여들어 술잔을 나눴고 김광석의 노래를 함께 들으며 닭싸움도 했다. 이수혁과 남성식은 오경필과 정우진에게 도색잡지와 지포라이터를 선물했다. 그렇다고 오경필과 정우진에게 자본주의를 전파하려는 건 아니었다. 초코파이도 그저 달콤한 간식에 불과할 뿐이었다.

하지만 거기에 어떤 형태로든 의도가 들씌워지는 순간은 기어이 찾아오고야 말아서, 초코파이를 건넨 자와 받아든 자 사이에는 어쩔 수 없는 경계가 그어지고 만다. "형, 내려올래?"라는 이수혁의 섣부름에 "내 꿈은 말이야, 언젠가 우리 공화국이 남조선보다 훨씬 더 맛있는 과자를 만드는 기야!"라며 강하게 맞서는 오경필의 말은, 바로 그 경계의 비극적 현실을 새삼 인식하게 한다. "형이고 뭐고 다 필요 없어. 결국 우린 적이야."라는 이수혁의 원망 역시 차가운 현실을 다시 한번 깨닫게 해준다. 이런 현실 아래 통일을 굳이 해야 하느냐는 질문은 정말 도발적인가.

2017년 3월 통일연구원이 내놓은 '남북통합에 대한 국민의식 조사' 결과에 따르면 통일의 필요성에 20대의 38.9%만이 공감했다. 공감의 정도는 나이가 많을수록 높아서 30대 51.7%, 50대 65.3%, 60대 이상 71%였다. 하지만 온라인매체 프레시안이 2018년 1월 31일 이 조사 결과를 인용해 내놓은 보도 내용을 살펴보면 얘기는 좀 달라진다. 일부 요약하면 이렇다.

"통일을 위한 세금 인상을 감수하겠느냐는 물음에 20대 9.7%, 30대 16.3%가 '그렇다'고 답했다. 50대와 60대는 각각 19.1%, 22.4%였다. '통일을 위해서라면 내가 좀 못살아도 된다'는 사람은 20대와 30대 각각 8.0%, 9.6%, 50대와 60대 이상은 13.1%, 15.8%였다."[3]

이 조사를 벌인 박주화 박사는 프레시안을 통해 "통일을 위해 개인의 희생은 어렵지만, 통일이 필요하다는 기성세대의 통일의식이 20~30대의 통일의식보다 나은 점은 무엇이냐?"[4]라고 물었다. 그래서 어쩌면, 통일을 굳이 해야 하느냐는 질문은 이제 경계가 얼마나 뚜렷해졌는지 더욱 냉철하고 솔직하게 들여다봐야 하는 건 아니냐고 묻고 있는지 모른다. 통일을 굳이 해야 하느냐고 물음으로써, '우리의 소원은 통일'이라는 맹목적인 것처럼만 보이는 당위의 가치에서 이제 한 걸음 떨어져 경계를 허물기 위한 좀 더 구체적인 해결 방안을 내놓으라고 채근하는 것이 아닐까.

◆

어쨌든 경계는 현실 위에 그어진 '선'이다. 이수혁과 오경필과 남성식과 정우진이 판문점 군사분계선을 사이에 두고, 무표정이거나 의미 모를 미소이거나 제각각 표정으로 카메라를 바라보는 영화 〈공동경비구역 JSA〉의 엔딩 타이틀은 바로 그 경계의 현실을 또렷하게 드러낸다.

그리고 현실의 경계는 쉽게 허물어지지 않을 것이다. 다만 2018년 2월 14일 오후 일본에 맞서 링크 위에 선 아이스하키 '코리아'팀의 역사적 올림픽 첫 골은 경계를 허무는 새로운 발걸음의 시작이 될 수 있을까. 통일을 굳이 해야 하느냐고 묻던 딸아이는 어느새 '코리아'팀의 사상 첫 골에 날아갈 듯 환호하고 있었다.

연관 검색 영화

공작 (2018)

감독 | 윤종빈
주연 | 황정민, 이성민, 주지훈

분단은 정략보다 하위의 가치인가?

친절한 금자씨 (2005)

감독 | 박찬욱
주연 | 이영애, 최민식

박찬욱 감독과 이영애의 앙상블. 〈복수는 나의 것〉 〈올드보이〉에
이은 복수 3연작의 피날레

---

1 〈大同江(대동강) 氷上(빙상)의 白熱戰(백열전), 白拘滑氷俱(활빙구) 優勝(우승)〉, 동아일보, 1932년 1월 18일
2 〈OB戰(전)서 서울 先勝(선승), 후平(경평) 아이스하키〉, 동아일보, 1964년 9월 10일
3. 4 〈2030세대가 통일을 싫어한다고 누가 그러나?〉, 프레시안, 2018년 9월 10일

영화 〈공동경비구역 JSA〉는 ?

박찬욱 감독의 2000년도 작품.
판문점 공동경비구역(JSA, Joint Security Area)의
북한군 초소에서 벌어진 총격 사건의 진실을 밝혀내려는
중립국 감독위원회 책임수사관인 스위스 장교 소피의
노력 속에 남북한 네 병사 이수혁, 남성식, 오경필, 정우진의
아픔이 드러난다. 남북한 병사들의 우정과 비극적 결말이라는
외피로 분단의 차갑고 아픈 현실을 고스란히 드러낸 수작으로 꼽힌다.
송강호, 이병헌, 김태우, 신하균이 호흡을 맞췄다.

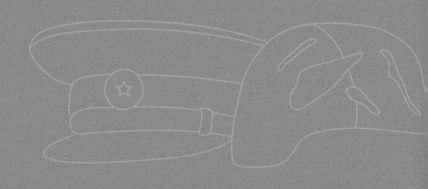

매드맥스: 분노의 도로

세상의 수많은
'퓨리오사들'을 지지하며

"희망 없는 세상, 미친놈만 살아남는다!"

정말 그럴까. 미치지 않고는 희망이 사라진 세상을 살아갈 수 없는 것일까. 아니, 살아남지 못하는 것일까. 그렇지 않을 것이다. 희망이 없기에, 희망을 찾아 나서기 위해 미칠 만큼 절박함으로 무장하지 않으면 안 될 것이다. 희망만이 서로를 구원해줄 수 있다는 믿음이 아니고서는 안 된다는 말이기도 하다.

타인과 함께 서로를 구원하고, 결국 세상과 인간을 구해내는 길, 희망을 찾아 나선 이들의 힘이다. 구원은 곧 모두가 지닌 존엄성을 되찾아가는 것이다. 이를 다시 찾아 나설 수 있는 힘 역시 결코 멀리 있는 것이 아님을, 여기 주인공들은 말하고 있다.

폭압적 가부장
사유화한 권력의 성적 억압

근미래, 인류의 새로운 생존 공간은 시타델이다. 앞서 인간의 탐욕은 핵전쟁을 불러왔고, 인류는 공멸의 위기에서 벗어나지 못했다. 핵전쟁과 공멸의 위기 끝에 살아남은 땅, 시타델에서 살아가는 데 있어 가장 중요한 생존수단은 '아쿠아 콜라'라 불리는 물이다. 하지만 지금까지 인류의 역사가 그랬듯, 어쩌면 앞으로도 오랜 시간 그럴 듯, 생존자원은 소수의 권력이 장악하고 있다.

권력을 움직이는 자, 임모탄 조다. 그는 물을 장악해 인류를 지배하며 시타델을 통치하는 독재자이다. 시타델은 그야말로 임모탄 조의 왕국과도 같다. 그는 물을 제한적으로만 공급함으로써 인류에게 자신의 권력에 굴종하기를 강요한다. "아쿠아 콜라에 중독되지 말라."라는 말은 그가 자신의 권력을 더욱 공고히 하며, 절대화하려는 하나의 이데올로기이다.

인류 역사 속 존재했던 숱한 독재자들처럼 임모탄 조는 폭압적 가부장이기도 하다. 그런 그에게 여성은 오로지 종족번식의 수단으로만 보일 뿐이다. 독재자에게 권력이란 절대적 이데올로기로 포장한 사유화의 힘이며, 체제를 영원히 유지하고픈 욕망은 가부장의 무자비함으로써 여성에 대한 무감한 억압으로 드러난다.

허물어지는 폭력
견고한 연대의 저항

하지만 권력이란 온전히 독재자 혼자만이 견고히 지켜낼 수 있는 것이 아니다. 독재의 가치를 적극 공유하거나 적어도 생존의 논리로써 그에 부응할 줄 아는 또는 부응하려 하는 미필적 고의의 동의와 굴종에 동참하는 자들의 존재가 아니고서는 체제를 유지하기란 애초부터 불가능하다. 그런 점에서 여성인 사령관 퓨리오사는 독재자와 그가 지배하는 체제 안에 존재하는 또 하나의 권력일 수도 있다.

퓨리오사는 전쟁의 처절함을 드러내고 있는 듯, 한쪽 팔을 잃었다. 삭발한 머리는 여성성을 철저히 배제한 채 무자비한 남성이 지배하는 세상에서 살아남으려는 욕망에서 얼핏 크게 벗어나지 않는 듯하다. 하지만 그는 독재자 임모탄 조의 폭압을 더는 견딜 수 없었다. 그리고는 새로운 이상향을 향해 돌진해 나아간다. 무너져 버린 공동체를 바로 세우려는 치열한 투쟁의 시작이다.

우선의 목표는 자신의 고향인 녹색의 땅이다. 녹색의 땅을 향해 질주하는 퓨리오사의 전투 트럭에 오른 이들은 다섯 명의 여자들이다. 앞서 임모탄 조의 여인이라는 허울 좋은 명분 아래 오로지 번식의 수단으로만 이용당해온 이들이다. 하지만 이제 이들은 임모탄 조라는 폭압적 가부장에 맞서는 또 하나의 세력이 됐다. 폭력적 가부장의 체제를 영속적으로 유지하려는 욕망을 결코 버릴 수 없는 독재자에게 이들의 이탈과 저항은 권력의 약화를 말해주는 것이기도 하다.

더는 대를 이을 수 없게 될 두려움에 처한 폭압적 가부장은 더욱더 단말마적인 폭력으로 닥쳐오지만, 그럴수록 체제의 멸망과 단절을 꾀할 수 있는 힘을 지닌 여성의 저항도 견고해진다. 목숨의 위태로움 속에서 자신의 임신한 배를 폭력의 무기 앞에 당당히 드러내 보일 수 있는 것도, 오로지 임모탄 조의 욕망을 위해서만 풀어 헤쳐지는 정조대를 보란 듯 걷어 찰 수 있는 것도, 바로 그런 변혁에 대한 단단한 믿음에서 나온다.

퓨리오사와 다섯 여자는 저항의 와중에 부발리니의 할머니 전사들을 만난다. '씨앗을 지키는 사람'이라는 뜻을 지닌 부발리니의 전사들 역시 녹색의 땅이라는, 희망의 꽃과 열매를 피우고 키

위낼 터전에 뿌리박힐 씨앗을 꿈꾸고 있다. 이들의 단단한 믿음은 곧 연대와 공감이라는 또 하나의 새로운 가치가 된다.

희망의 세상을 꿈꾸며
스스로를 구한다

아내와 딸을 잃고 피폐해진 세상을 떠돌던 맥스는 임모탄 조의 노예가 됐다. 그의 피는 임모탄 조의 맹목적 추종자이자 전사로서 핵전쟁의 후유증으로 보이는 질병을 앓는 '워보이' 눅스의 생명을 유지하는 데 쓰인다. 가부장 체제를 이어가려는 독재자에게 남성성 역시 그렇게 착취의 도구로써만 작동한다. 단, 그 효용성이 사라지는 순간 남성성은 독재자에게 철저히 외면당한다. 이때 맥스와 눅스를 보듬어 안는 사람들, 퓨리오사와 다섯 여자 그리고 부발리니 할머니 전사들이다. 맥스와 눅스의 위험을 막으려하는 것, 퓨리오사와 다섯 여자 그리고 부발리니 할머니 전사들의 연대이다. 그래서 연대와 공감은 이들이 또 다른 인류 구원의 가치로 나아가게 하는 힘이 된다.

이들이 이제는 사라진 녹색의 땅이라는 이상향이 아니라, 무자비한 체제가 여전히 굳건해 보이는 시타델이라는 현실로 다시 돌아가기를 다짐하는 것도 마찬가지다. '희망 없는 세상, 미친놈만이 살아남는다'고 했지만, 미칠 수밖에 없을 만큼 절박한 구원과 희망에 대한 믿음으로 연대와 공감을 이끈 이들의 승리는 더욱 아름다워 보인다.

그러는 동안 노장의 연출가 조지 밀러 감독은 단 한 장면에서도 그 연대와 공감에 나선 이들의 육체를 관음의 카메라로 훑지 않는다. 그리고 새로운 희망의 세상을 꿈꾸고, 스스로 구원의 길을 헤쳐 나아가려는 주인공들의 피곤하고도 처절한 투쟁에 다시 힘을 부여한다. 세상의 희망과 변화에 대한 간절하고 단단한 믿음을 지닌 이들이야말로 또 다시 새로운 세상을 꿈꿀 수 있는 자격을 지닌 사람들이라는 것처럼.

◆

1911년 3월 8일 1만 5,000여 여성 섬유노동자들이 미국 뉴욕의 루트커스광장에 모여들었다. 그들은 참혹한 노동환경에서 벗어나기 위한 투쟁에 나서서 자유를 외쳤다. 이후 110여 년의 시간이 지난 오늘, 그보다 더 많은 이들이 분노의 도로로 나서고 있다. 세상은 그렇게 달라져 간다.

연관 검색 영화

밤쉘: 세상을 바꾼 폭탄선언(2020)

감독 | 제이 로치
주연 | 샤를리즈 테론, 니콜 키드먼, 마고 로비

폭력적 부당함의 현실, 터뜨릴 수밖에 없는, 터뜨려야 하는,
터뜨려야만 하는 존엄의 가치

82년생 김지영(2019)

감독 | 김도영
주연 | 정유미, 공유

차별에 맞닥뜨린 김지영'들', 온전한 세상을 향해 나아갈 김지영'들'

영화 〈매드맥스: 분노의 도로〉는 ?

멜 깁슨이 주연한 〈매드맥스〉 시리즈의 네 번째 작품.
조지 밀러 감독이 1979년 1편, 1981년 2편, 1985년 3편에 이어
2015년, 30년 만에 다시 연출했다. 하지만 이전 세 작품을
보지 않더라도 충분히 즐길 수 있는 스토리를 갖췄다.
핵전쟁 이후 인간들을 통치하는 독재자 임모탄에 맞서는
이들의 이야기다. 임모탄의 사령관이었지만 탈출한 퓨리오사와
임모탄의 다섯 여자 그리고 아들과 딸을 잃은 맥스의 처절한
투쟁이 강렬한 록비트의 음악과 실감 나는 아날로그 액션에 실려
정서적 쾌감을 안긴다. 톰 하디가 새로운 맥스로 나서고,
샤를리즈 테론이 여전사의 투혼을 발휘했다.

"

더 이상 기다리지 말아요.

잊든가, 잊을 수 없다면 가서

당신을 보여줘요.

"

〈접속〉 중에서

Last Scene

사랑은 사라지지 않는다

화양연화

슬 픔 이 어 도 ,

가장 아름다운 순간

'별들이 소곤대는 / 홍콩의 밤거리 / 나는야 꿈을 꾸며 꽃 파

는 아가씨 / … / 꽃잎같이 다정한 그 사람이면 / 그 가슴 품

에 안겨 가고 싶어요'[1]

1954년 가수 금사향은 홍콩의 밤을 이렇게 노래했다. 은방울
꽃을 파는 아가씨가 꿈꾸는 사랑의 이야기를 그린 노래는 금사향
의 간드러지는 목소리와 제법 어울리며 '향기 나는 항구香港', 홍콩
의 낭만적인 밤을 떠올리게 한다.

홍콩은 그처럼 이방인들에게 낭만의 이미지를 안긴다. 휘황찬란한 네온사인, 무언가 사연을 지니고 있을 듯한 분위기를 풍겨내며 코트 차림에 중절모를 비스듬히 걸친 남자들과, 수줍은 표정으로 여린 몸매를 감싼 치파오의 여자들이 오가는 밤거리. 오랜 옛날 식민의 아픔을 지운 듯, 그저 한갓진 낭만의 화려함만을 지니고 있을 것만 같은 도시. 그래서 한때 문화와 예술과 사랑을 꽃피워냈던 근현대적 내음의 공간. 하지만 세기말의 홍콩 사람들은 불안하기만 했다.

데워진 가슴과 뜨거운 눈물로만
남는다고 해도

영국의 홍콩 주권이 종료된 것은 1997년 6월 30일이었다. 서구 제국 열강들이 전쟁을 불사하면서까지 동양으로 향해 새로운 시장을 찾아 나섰던 19세기 말, 청나라는 영국에게 홍콩 섬의 지배권을 넘겼다. '무역 불균형'의 갈등 끝에 1842년 아편을 둘러싼 분쟁으로부터 촉발된 '아편전쟁'에서 청나라는 영국에 패했다. 결국 난징조약에 따라 영국은 홍콩 섬을 손에 넣었다. 이후 155년 동안 영국은 홍콩의 주권을 쥐고 통치했다. 그리고 바로 이날 홍콩의 주권과 통치권을 중국에 넘겼다.

중국은 이를 기념하는 의식을 성대히 치렀다. 하지만 의식을 바라보는 홍콩 사람들은 불안했다. 그동안 누려왔던 자본주의의 체제를 향후 50년 동안 보장받으며 자치권을 갖는 조건이었는데도, 결코 그와는 양립할 수 없는 사회주의라는 낯선 체제의 지배를 받아야 하는 것 또한 현실이기 때문이었다.

불안감은 우위썬(오우삼)과 쉬커(서극) 등이 펼쳐내는 어두운 뒷골목 사내들의 이야기로도 표현됐다고 보는 이들이 많다. 혹시 모를 체제의 변화, 자치권과 언젠가는 충돌할 것만 같은 중국의 지배 등 자신들 처지의 갑작스런 달라짐에 대한 불안감을, 홍콩 사람들은 사내들의 진한 우정의 이야기와 격렬하고도 비장한 액션 장면으로 달랬다는 것이다. '영웅본색' '첩혈쌍웅' 등 홍콩 느와르의 전성시대를 들여다보는 시선이기도 하다.

그러는 사이, 왕자웨이(왕가위) 감독은 두 남녀를 보았다. 그리고 이렇게 말했다.

"그와의 만남에 그녀는 수줍어 고개 숙였고…, 그의 소심함에 그녀는 떠나가 버렸다."

수줍은 만남은 1962년 시작됐다. 만남은 이듬해 헤어짐이 됐다. 먼저 떠나가 버린 이는 남자였다. 그에게서 떠나지 못할 것 같은, 하지만 멀어져야 하는 여자는 남자의 향취가 남은 방 안에 홀로 남아 눈물 흘렸다.

그렇다고 두 사람 사이에 뜨거움의 기억이 있었던 것도 아니었다. 격정도 없던 만남과 헤어짐이었다. 주변 사람들의 시선, 즉 현실의 도덕률 안에서 이들은 뜨거워질 수도, 격정적일 수도 없었다. 뜨거워져서는 안 됐고, 격정적이어서는 더더욱 안 될 것이었다. 오히려 도덕률을 어긴, 또는 어겼다고 의심되는 자신들의 배우자들과는 스스로 다르다고 여겼다. 그런 생각만이 자신들의 만남을 지켜줄 것이라고 믿었다.

그저, 생의 가장 아름다운
시간으로 남기를

현실의 도덕률에서 벗어나서는 안 된다고 믿었기에 남자는 여자를 위해 스스로 떠나기를 택했다. 여자 역시 그를 붙잡아둘 아무런 명분도 갖지 못했다. 그래도 남자는 여자를 떠나기 전 물었다.
"티켓이 한 장 더 있다면 나와 같이 가겠소."
대답하지 못한 여자는 남자가 자신을 떠나간 뒤, 역시 대답 듣지 못할 물음을 냈다.

"내게 자리가 있다면 내게로 올 건가요?"

이미 쓸쓸한 이별을 예비해두었던 이들이었다. 뜨겁고 격정적이지 못했지만, 만남과 헤어짐의 감정은 깊고도 깊었다. 그렇기에 누구에게도 쉽게 발설할 수 없는 감정을 남자는 끝내 봉인할 수밖에 없다. 옛날의 사람들이 산에 올라 나무 아래 구멍을 파고는 자신의 비밀을 속삭인 뒤 진흙으로 봉해 두었던 것처럼. 남자는 여자와 헤어진 이래 3년의 세월이 흐른 뒤 캄보디아 앙코르와트 유적의 벽에 난 구멍에 "영원히 가슴에 묻고" 가야 할 비밀을 조용히 풀어넣었다. 진흙의 진득한 밀도 사이로 삐죽 솟아난 몇 가닥의 잡초만이 남자의 비밀을 알아차렸을 것이다.

남자는, 또 여자는, 그렇게 한 시절을 떠나보냈다. 서로를 처음 만났던 홍콩의 상하이 이주민 아파트의 좁은 복도에 선 채 과거가 남긴 추억의 회한을 곱씹는 이들에게 자신들이 지나온 한 시절은 '좋았던 옛날'이었을까.

혼란스러웠던 세기말의 주권 반환을 바라보며 불안했던 홍콩. 어떤 모습으로 다가올지 모를 미래에 대한 불안감으로 가득했던 공기 안에서 왕자웨이 역시 느와르의 비장한 남자들 이야기와는 또 다른 방식으로 향기 융성한, 좋았던 옛날의 홍콩을 기억하려 했는지 모른다. 불안이 잠식하는 미래에 대한 불가능한 전망과 예측. 하지만 이미 남자와 여자는 쓸쓸한 이별을 예비하지 않았던가. 그래서 불안감이야말로 한 시절을 떠나보내는 통과의례가 될 수 있었다고, 감히 말할 수 있겠다.

◆

　남자와 여자는, 그 시절은 지나갔고, 이제 거기 남은 건 아무 것도 없다거나 "먼지 낀 창틀을 통해 과거를 볼 수 있겠지만, 모든 것이 희미하게만 보였다."라고 말했다. 하지만 그에 앞서 '지나간 날들을 기억한다'는 전제가 달렸으므로, 남자와 여자는 냇킹 콜의 노래 〈키사스Quizas〉에 자신들의 마음을 실어 '인생의 가장 아름다운 시절'로 그 쓸쓸하지만 깊었던 만남과 이별을 기억할 수 있으리라.

　지금, 쓸쓸한 가슴을 앓는다고 해도, 지나갔던 한 시절의 아름다웠던 마음이야말로, 남자와 여자의 '인생에 가장 아름다운 시절'이었기를.

　"Quizas! Quizas! Quizas!"

　"아마도! 아마도! 아마도!"

연관 검색 영화

해피 투게더(1998)

감독 | 왕자웨이(왕가위)
주연 | 량차오웨이(양조위), 장궈룽(장국영)

다시 시작할 수 있는 사랑이 있을까?

어바웃 타임(2013)

감독 | 리차드 커티스
주연 | 도널 글리슨, 레이첼 맥아담스

시간을 되돌려 사랑을 찾아가라! 카프레 디엠!Carpe diem

---

1 〈홍콩아가씨〉, 손로원 작사·이재호 작곡, 금사향 노래, 1954년

영화 〈화양연화〉는 ?

1997년 홍콩의 주권이 중국에 반환된 이후인
2000년 왕자웨이 감독이 연출한 작품. 제목은
'인생의 가장 아름다운 시절'을 의미한다. 1962년 중국 본토에서
건너온 이주민들의 홍콩 아파트를 배경으로
두 남녀의 아련하고 애틋한 만남과 헤어짐을 그렸다.
량차오웨이(양조위)와 장만위(장만옥)가 주연했다.
량차오웨이는 이 영화로 2000년 칸 국제영화제에서
남우주연상을 거머쥐었다. 수십 벌의 치파오 차림으로
등장하는 장만위의 고혹적이면서 치명적인 매력도 빛난다.

접속

청춘들은 종로에서 만나고 헤어졌다.

지하철 1호선 종각역 4번 출구를 빠져나오면 보이던 종로2가 대로변의 6층 건물, 종로서적이 첫 손에 꼽히는 '만남의 장소'였다. 종로서적 건물의 비좁은 로비는 늘 청춘들로 북적였다. 주말이면 더욱 그랬다. 거리로까지 밀려 나와 만남을 기다리던 이들 사이를 지나려면 진땀을 빼야 했다. 건너편 YMCA 건물 앞 역시 마찬가지였다.

종로서적과 YMCA 앞에서 서로를 만난 청춘들은 그 뒷골목 생맥줏집이나 '학사주점'이라 불리는 술집에서 어설프게 취한 채 시대를 논하며 아픔을 게워냈다. 우정이라는 치기 어린 명분으로 주먹다짐을 하기도 했다. 테이블마다 놓인 전화기를 통해 삐삐 (무선호출기)로 호출해낸 이들의 응답을 들을 수 있는 카페에서는 미팅의 설렘을 만끽하기도 했다.

이제는 너무도 아득한
그때의 감정

영화를 보기 위해 종로3가로 향하는 청춘들도 많았다. 종로3 가 네거리에서 안국동 방면으로 접어들면 도로를 사이에 두고 서로 마주 보며 손님을 맞았던 두 극장이 있었다. 피카디리와 단성 사였다. 지금은 각각 멀티플렉스와 주얼리 상가 건물로 변모했지만, 두 극장 역시 수많은 청춘에게 '랜드마크'가 되어 주었다.

피카디리 극장 앞 넓지도, 좁지도 않은 광장에 새겨진 스타들의 핸드프린트 블록 위에서 청춘들은 영화 티켓을 사기 위해 긴 줄을 섰다. 카페 'CCICoffee, Cake, Icecream' 건물의 2층 통유리 너머로 내려다보이는 극장 앞 광장에서 많은 젊음이 연인과 친구와 선후 배를 만나 그 옆 골목 피맛골로 스며들었다. 어둑어둑해져 가는 시간, 빈대떡과 김치찌개, 도토리묵 등 갖은 안주는 퀴퀴한 막걸리 냄새와 어우러지며 서울 도심 뒷골목의 낭만을 제대로 피워냈다. 사랑은 바로 그곳, 피카디리 극장 앞 광장에서 다시 시작되고 있었다.

다만 새로운 사랑을 온전히 받아들이는 건 또 얼마나 두려운 일인가. 이미 오래전 자신을 떠나버린 사랑과 그로 인해 남은 생채기 탓인데 두려움의 크기는 그 아픔에 정비례하기 마련이다. 생채기와 두려움을 내어 보였을 때, 혹여 불현듯 새겨질 또 다른 생채기를 감당해낼 자신이 없기 때문이다. 그래서 남자는 선뜻 다가서지 못한 채 두려움의 망설임으로 그저 오랜 시간 여자를 지켜볼 수밖에 없다.

하지만 여자는 믿고 있다. 만나야 할 사람은 반드시 만난다고. 어느 쪽이든 상대를 애타게 찾고 있다는 건 인연이라는 증거라면서, 여자는 그렇게 인연을 믿었다. 밤이 깊어 광장의 파라솔이 걷히고 테이블과 의자가 치워지도록 여자가 서성이는 것도, 어긋나는 만남도 있다고 생각하는 남자가 자신 앞에 나타나 주기를 기다리는 것도 그런 믿음에서다.

남자는 여전히 망설인다. 뒤늦게나마 여자의 믿음을 확인하고 싶지만, 확인시켜 주고 싶지만 극장 앞 광장에 선 여자 앞에 차마 다가설 수 없다. 그토록 사랑이 남긴 생채기가 아팠을까. 여자의 시선을 애써 피하며 도망치듯 카페로 향한 뒤 2층 통유리 너머로 광장의 여자를 내려다보기만 할 뿐이다.

만날 사람은 반드시
만난다는 믿음

결국, 여자의 믿음은 허망해지고 마는 것일까. 다시 만날 사람은 꼭 만난다는 말을 믿지 않겠다는 결심을 하기까지 그래도 결코 놓아버릴 수 없었던 믿음이었는데 말이다.

남자와 여자가 그렇게 망설임과 믿음 사이에서 서성이기 훨씬 전이었다. 여자는 이미 떠나버린 사랑을 애써 찾아 나서려는 남자의 절박함을 잠시나마 위로해주기 위해 거짓말을 하고 말았다. 그건 정말 선의였다. 하지만 선의의 거짓은 아무런 위로가 되지 못한다. 선의의 거짓을 고백할 수밖에 없는 순간을 여자가 피할 수 없었던 이유다. 여자는 남자에게 사과했다. 사과하려 애썼다. 남자는 그러지 말라고 했다. 여자는 답했다.

"어디서 어떤 모습으로 만나게 될지 모르잖아요."

여자는 불행이 비껴가는 것 같은 순간 들려온 음악을 남자와 함께 듣고 싶었다. 음악은 떠나간 사랑이 남자에게 뒤늦게 보내온 것이기도 했다. 이제 기어이 그 사랑을 놓아버리면서 남자는 여자에게 음악을 건넸다. 여자는 그런 남자에게 다가가 함께 음악을 들으며 위로해주고 스스로도 위로받고 싶었다.

하지만 남자는 그저 현실을 피하면 그뿐이었다. 그래도 여자는 자신의 순진한 거짓말로 새삼 아프게 드러난 남자의 생채기를 외면할 수 없었다. 남자의 생채기는 곧 사랑을 얻지 못한 자신의 것이기도 했기 때문이다. 자신을 바라보는 한 남자의 표정에 빠져들었지만, 바로 그 표정으로 그 남자가 다른 여자를 이미 오래전부터 바라보고 있었다는 것을 알았을 때 안타까움. 더는 자신의 사랑이 될 수 없었다. 자신과 같은 생채기를 안고 있는 남자가 아픔을 온전히 받아들이지 못한 채 여전히 지나간 사랑에만 맴돌고 있다는 사실. 어쩌면 남자는 마냥 현실을 피하고만 싶었는지 모른다. 여자의 시선에 남자의 모습은 더욱 안타까울 뿐이다.

그래서 여자는 남자에게 "당신을 본 적은 없지만 난 당신이 어떤 사람인지 다 알 것 같"다고 말할 수 있는 것이다.

◆

선의는 그렇게 비로소 진심이 된다. 안타까움에 담긴 진심을 알아차린 남자는 힘없이 자신의 허망해진 믿음을 안고 광장을 떠나려는 여자를 향해 카페에서 뛰쳐나온다. 더 늦기 전에 새로운 사랑은 그렇게 시작되고 있었다.

그래서 사랑은 진심이어야 한다. 그랬을 때 인연은 비로소 인연이 되는 것일 테다. 사랑의 아픔으로 남은 생채기도 그랬을 때 온전히 치유된다고, 이제 남자와 여자는 믿게 될 것이다. 만나야 할 사람은 반드시 만난다고도 믿게 될 것이다.

연관 검색 영화

8월의 크리스마스(1998)

감독 | 허진호
주연 | 한석규, 심은하

사랑은 예감 없이 찾아오고 또 예감 없이 달아난다

연애의 온도(2013)

감독 | 노덕
주연 | 이민기, 김민희

사랑, 뜨거움과 차가움의 격한 재회

영화 〈접속〉은?

1990년대 말 PC 통신을 소재 삼아 두 남녀가
사랑의 상처를 보듬어가는 이야기. 사랑의 생채기로
스스로를 가두고 살아가는 방송국 라디오 PD 동현(한석규)과
친구의 연인을 짝사랑하며 가슴 아파하는 홈쇼핑회사 쇼핑 가이드
수현(전도연). 각기 사랑이 남긴 아픔을 안고 있는 두 사람이
벨벳 언더그라운드의 노래 〈페일 블루 아이즈Pale Blue Eyes〉를 매개로
PC 통신 대화방에서 만나 서로에게 다가간다. 이들이 서울 종로
피카디리 극장 앞 광장에서 결국 인연임을 확인할 때 흐르는
사라 본의 〈어 러버스 콘체르토A Lover's Concerto〉 역시
〈페일 블루 아이즈〉와 함께 영화 속에서 다양하게 변주되며
많은 관객에게 깊은 인상을 남겼다. 장윤현 감독의
1997년 장편 상업영화 데뷔작이다.

건축학개론

추 억 을 짓 는 다

2018년 서울시민들이 가장 많이 이용한 버스 노선은 143번
이었다. 국토교통부와 한국교통안전공단이 교통카드 데이터
를 바탕으로 수도권 대중교통 이용 실태를 분석한 결과다. 모두
1,393만 9,000여 승객이 이 버스에 오르고 내렸다. 2017년에도 하
루 평균 4만 5,000여 명이 143번 버스를 탔다. 전국 시내버스 노
선 가운데 이용 인원이 가장 많았다. 2019년 역시 마찬가지여서
수도권에서 이용객이 가장 많은 버스 노선이었다.

버스는 서울 성북구 정릉동 정릉산장아파트에서 출발해 종로와 명동 등 도심을 통과한 뒤 반포대교를 건너 반포동에서 청담동까지, 신사동과 압구정동 등 강남 주요 지역을 가로지른다. 이후 삼성동을 거쳐 개포동 개포중학교에 가닿는, 왕복 62km에 달하는 긴 노선이다. 원래는 710번을 달고 서울 시내를 내달렸다. 2004년 7월 서울 시내버스 체계 개편에 따라 현재의 143번으로 바뀌었다.

공간이 소환하는
시간여행 속으로

1996년 무렵, 이제 갓 대학에 입학한 승민과 서연은 710번 버스에 올랐다. 건축학개론 수업을 함께 듣는 건축학도 승민과 음대생 서연은, 사는 데서 가장 먼 곳에 가보라며 교수가 내준 숙제를 위해 정릉동에서 개포동까지 710번 버스 노선에 놓인 42개의 정류장을 거쳐 갔다. 개포동은 정릉동에서 나고 자란 승민이, 어렸을 때부터 맨날 이 버스 타면서 어떤 데인지 궁금했었다는 곳이다.

숙제를 핑계로 하지만, 어쨌든 이들의 개포동행은 사실상 두 번째 데이트였다. 정확히는 수업시간에 이미 서연에게 반해버린 승민이 본격적으로 그를 마음에 품기 시작한 순간이다. 개포동의 어느 건물 옥상에서 서연이 건넨 CD 플레이어 이어폰에서 흘러나오는 전람회의 노래 〈기억의 습작〉은 이제 두 사람이 서서히 추억을 쌓아갈 것이라고 노래했다. 승민과 서연의 첫 번째 데이트도 교수의 숙제로부터 시작됐다.

"자기가 사는 동네를 여행해보라. 평소에 그냥 무심히 지나친 동네 골목들, 길들, 건물들을 자세히 관찰하면서 사진으로 기록하라."

두 사람은 그렇게 정릉에서 맞닥뜨렸다. 정릉동의 좁은 골목 안, 빈 한옥에 들어가 바늘이 멈춰버린 괘종시계의 태엽을 감아내듯 서로의 마음을 조금씩 열기 시작했다. 정릉동은 그렇게 추억을 공유하는 공간이 된다.

건축사학자이자 건축가인 임석재 이화여대 교수는 어린 시절 살던 동네와 지형이 닮아 유년의 추억을 떠올리게 한다며 "정서적으로 좋아하는 산책코스"라고 정릉천변과 정릉동을 소개한다.[1] "길, 골목, 집 등 공간을 형성하는 물리적 골격"이 "영역과 동선" 마침내 "공간의 감성적 특성"을 다양하게 한다는 정릉천변의 '다질성多質性'에 대한 애정이다.[2] "정릉2동 주민센터에서 정릉4동 주민센터에 이르는 2킬로미터 조금 안 되는 거리"인 "산책코스"[3]의 출발점은, 승민이 엄마와 함께 살고 있는 단층집 인근이기도 하다.

정릉동을 삶의 오랜 터전으로 삼은 시인 신경림도 이곳에서 어머니를 추억했다. 그는 "정릉에 들어와 산 지"가 "어느새 서른 해가 훨씬 넘"어 "은행 옆 주민센터 그 건너 우체국 / 다시 그 옆 약방에 냉면집 / 눈에 익지 않은 거리가 없고 / 길들지 않은 골목이 없다."[4]고 돌이켰다. 이어 자신의 어머니 역시 "서른 해 동안 서울 살면서 오간", 하지만 이제는 "약방도 떡집도 방앗간도 동태 좌판도 없어진"[5] 길을 걸으며 자신의 어머니가 생전 이웃들과 부대끼며 살았던 복닥거림의 풍성한 정서적 삶을 떠올린다.

첫사랑 추억의 힘을
우습게 여기지 말라

승민과 엄마도 "30년을 넘게" 정릉동을 지키고 있다. 엄마는 정릉시장의 작은 순댓국집으로 살림을 꾸려왔다. 임석재 교수에 따르면 이 시장에는 "금메달마트, 한아름곱창, 기차순대국, 볏짚삼겹살, 임금님 수타짜장"[6] 등 재미있는 가게 이름이 많다. 그는 업종 이름을 빼면 "입가를 살짝 끌어올리며 미소 짓게 해주는 포근한 단어들"[7]이라고 말한다.

어쩌면 '기차순대국'은 승민네 가게일까. 엄마는 고생 끝에서 좀 더 편한 노후를 권하며 "이 집이 지겹지도 않느냐"고 타박하는 아들에게 "집이 지겨운 게 어딨어? 집은 그냥 집이지."라고 말한다. 하지만 오랜 시간 이웃과 지지고 볶으며 함께한 세상살이의 억척스러움 때문에라도 엄마에게 집은 "그냥 집"이 아님을, 우리는 모르지 않는다.

'집이 그냥 집'이 아닌 것은 그 안에 켜켜이 쌓인 사람의 추억 덕분이기도 하다. 사랑과 감정에 서툴렀던 청춘의 시절과 헤어져 15년의 시간을 보낸 뒤 서연은 이제 살날 많지 않은 아버지의 편안한 일상을 위해 제주의 옛집을 밀어내고 다시 집을 짓기로 한다.

그렇다고 추억까지 그렇게 싹 밀어내지지는 않는다. 건축가 승효상은 "밥을 짓고 농사를 짓고 시를 짓듯이 집은 지어서 만드는 것"이라면서 "짓는다는 것은 어떤 재료를 가지고 생각과 뜻과 마음을 통하여 전혀 다른 결과로 변화시켜 나타내는 것이다."[8]라고 말했다. 건축가 오시마 겐지大島健二는 "긴 인생의 다양한 풍경을 떠올리며 집을 짓는 것이 좋지 않을까."[9]라고 권했다.

건축가가 된 승민이 서연의 옛집을 증축하며 서연이 자라나던 시절 키를 쟀던 벽의 낙서와 채 마르지 않은 시멘트 사이에 새겨진 그 작은 아이의 올망한 발자국을 남겨두고 고스란한 마당의 세면대에 제자리를 부여하는 것도 그래서다. 서연은 그렇게 새롭게 지어진 집에서 이제는 작은 못으로 변모한 세면대를, 아니 그 위에 새겨진 당신 딸의 발자국을 들여다보는 아버지의 추억과 함께 살아갈 것이다.

·

결국, 추억은 원래 있던 것을 싹 밀어낸다고 지워지는 것이 아님을 말하는 것인지 모른다. 오래된 CD 플레이어에서 흘러나오는 〈기억의 습작〉이 안겨주는 따뜻한 아련함도 쉽게 허물어지지 않을 것이다. 그래서 첫사랑은 어쩌면 서연에게, 승민에게 또 세상 그 누군가에게도 각기 삶의 또 다른 연습으로서 기억 또는 추억되는 것인지 모르겠다.

P.S〉

〈건축학개론〉의 교수는 서연이 정릉에 산다고 하자 "정릉이 누구 능이야?"라고 묻는다. 제대로 알 리 없는 서연은 "…정조? …정종? …정약용?"이라며 우물쭈물한다. 정답은 조선 태조 이성계의 두 번째 부인인 '신덕왕후'다.

연관 검색 영화

클래식(2003)

감독 | 곽재용
주연 | 손예진, 조승우

시간을 뛰어넘는 첫사랑의 추억, 그 처연한 모범답안

1, 2, 3 임석재 지음, 《시간의 힘》, 홍문가, 2017년
4 신경림, 시 〈정릉에서 서른해를〉, 시집 《사진관집 이층》, 창비, 2014년
5 신경림, 시 〈정릉동 동방주택에서 길음시장까지〉, 시집 《사진관집 이층》, 창비, 2014년
6, 7 임석재 지음, 《시간의 힘》, 홍문가, 2017년
8 승효상 지음, 《건축, 사유의 기호》, 돌베개, 2014년
9 오시마 겐지 지음, 《집짓기 해부도감》, 황선종 옮김, 더숲, 2015년

영화 〈건축학개론〉은?

풋풋한 스무 살 초입의 두 청춘이 겪는 첫사랑
그리고 15년이 지난 뒤 다시 만난 이들이 떠올리는
추억을 그린 작품. 실제 대학(연세대)에서 건축학을 공부한
이용주 감독이 연출했다. 터를 닦아 기초를 세우고
그 위에 짓는 집처럼 차곡차곡 쌓여가는 감정의 흐름과
에피소드를 탁월하게 그려냈다. 여주인공 한가인의
청춘 시절을 연기한 배수지를 '첫사랑의 아이콘'으로
각인시키기도 했다. 제주 서연의 집은 영화제작사
명필름이 운영하는 카페로 변모했다.

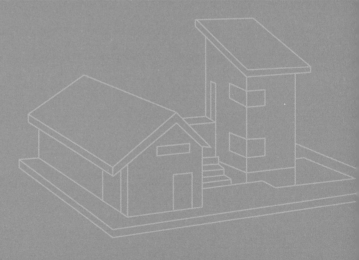

84번가의 연인

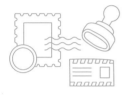

편 지 , 그 것 은 사 랑 이 었 네

"We fell in love."

2018년 9월 도널드 트럼프 미국 대통령은 기자들 앞에서 이렇게 말했다. 그리고는 '믿을 수 없을incredible', '굉장한magnificient', '역사적historic', '아름다운 예술작품piece of art' 등의 단어를 써가며 극찬의 표현을 아끼지 않았다. 그가 이처럼 거듭된 수사로써 찬사를 보낸 대상은 김정은 북한 국무위원장으로부터 받은 친서였다. 트럼프 대통령은 그러면서 김 위원장과 "사랑에 빠졌다."라고 자랑했다.

김 위원장은, 그때까지 알려진 것만 모두 네 차례 트럼프 대통령에게 친서를 전했다. 한반도 비핵화를 위한 실무협상 과정이 교착상태에 빠질 때 그는 트럼프 대통령에게 친서를 보냈다. 친서는 막혔던 협상의 통로를 뚫는 구실을 하곤 했다. 친서는 말 그대로 보내는 이가 직접 쓴 편지다. 편지를 즐겨 쓴 정치인은 또 있다. 조선 22대 임금 정조다.

디지털 시대에 편지를 논하는 이유는 무엇인가

안대회 성균관대 교수는 정조가 "글쓰기를 아주 좋아한 사람"이어서 세손 시절부터 조정의 주요한 신하와 가까운 친족들에게 많은 편지를 써 보냈다고 밝혔다. 특히 우의정과 좌의정을 지낸 심환지에게 무려 297통의 편지를 건넸다. 임금이 쓴 편지, '어찰'이다.[1]

정조가 1796년 8월 20일부터 1800년 6월 15일까지 심환지에게 보낸 어찰을 묶은 《정조어찰첩》을 분석한 책 《정조의 비밀편지》[2]에서 안 교수는 절대 군주인 국왕이 현직 최고위직 관리에게 수년간에 걸쳐 비밀스럽게 국정을 지시하고 조율한 극비의 편지라고 어찰을 설명한다. 관련 내용은 정치 현안 논의 67건, 인사 문제 54건, 상소문 41건, 정계 여론 동향 31건 등에 달한다.

심환지는 정조의 등극을 반대한 것은 물론 그의 재임 시절에도 정치적으로 대립하고 견제했던 것으로 알려진 노론벽파의 대표적 인물이다. 그런 심환지에게 적지 않은 비밀편지를 보냈다는 것은 정조가 그만큼 "막후에서 비밀스런 지시와 조정을 주도하는 노련한 정치인"³이었음을 말해준다고 안 교수는 가리켰다. 그렇다고 정조가 정사에 관한 내용만을 편지에 쓴 것은 아니었다.

> "소식이 갑자기 끊겼는데 경은 그동안 자고 있었는가? 술에 취해 있었는가? 아니면 어디로 갔었기에 나를 까맣게 잊어버렸는가? 혹시 소식을 전하고 싶지 않아 그런 것인가? 나는 소식이 없어 아쉬웠다."⁴

자신보다 스무 살이나 많은 신하의 건강과 안부를 진심으로 걱정하는 군주의 마음이 한껏 묻어난다. 정조는 여기에 덧붙였다. "이렇게 사람을 보내 모과를 보내니 아름다운 옥으로 되돌려 받을 수 있겠는가."⁵

안 교수는 정조가 편지에 의문을 나타내는 耶(야) 자를 흔하게 사용했다면서, 이는 "명령하거나 지시하는 어투가 아니라 상대의 의견을 묻는 어투이다. 수신자의 처지에서 경쾌하여 부담스럽지 않다."[6]라고 설명했다. 또 정조는 의성어인 '呵呵(껄껄)'처럼 친근하고 가벼운 표현'을 흔히 사용해 인간적이고 유쾌한 면모를 드러내기도 했다. 심환지에게 보낸 내용 중 자신과 신하의 개인사나 성격, 건강 등을 담은 이야기도 52편에 달해 정조가 단순히 정적을 다스리고자 어찰을 쓴 것은 아니었음을 보여주기도 한다.[7]

안 교수에 따르면 정조는 "상대의 안부를 묻고 자신의 근황을 전하는 기본"[8]으로서 편지의 기능을 최대한 활용했다. 받는 이의 안부를 묻고, 쓰고 보내는 이가 자신의 근황을 전하는 편지에는 그래서 마땅히 인간적 진정함이 바탕에 있어야 한다고 믿는다.

'저편'을 움직이지 않아도, 그저 편지를 써보라

"저편을 움직여놓을 것. (…) 써가지고 그 사연이 넉넉히 자기가 필요한 만치 저쪽을 움직일 힘이 있나 없나 읽어보고, 없으면 얼마든지 그런 힘이 생기도록 고쳐 써야 한다."[9]

《가마귀》와 같은 작품으로 김유정, 김동인 등과 함께 우리 문학사의 대표적 단편소설 작가로 꼽히는 이태준이 밝힌 "편지 쓰는 요령" 가운데 하나다. 다양하고 풍부한 인용문과 예문, 쉽고 명료한 설명 등을 통해 문장작법에 관해 밝혀 놓은 고전《문장강화》에서 이태준은 "무슨 편지나 저편을 움직여놓아야 한다."라면서, "문안편지라도 저쪽에서 받고 무슨 자극이 있어야지, 심상히 왔나보다 하고 접어놓게 되면 헛한 편지"라고 말했다. 그리고 "편지도 표현이니 쓰는 사람이 더 잘 드러날수록 좋은 편지임에 틀림없다."[10]라고 알려 준다.

1949년 미국 뉴욕의 작가 헬렌 한프와 저 멀리 영국 런던의 중고책방인 마크스의 직원 프랭크 도엘은, 이태준의 설명처럼 서로 받는 이, 즉 저편을 움직여놓았다. 책에 대한 깊은 애정을 지닌 헬렌이 쉽게 찾지 못하는 오래된 옛 책을 구하기 위해 프랭크의 중고책방에 보낸 한 장의 편지로부터 교감은 시작됐다. 두 사람은 책과 문학과 예술에 대한 관심에서부터 소소한 일상까지 글로써 나눴다. 전쟁이 끝나고 고기와 햄과 소시지 등을 제대로 구할 수 없는 런던의 궁핍함 속에서도 프랭크는 진심으로 헬렌의 안부를 물었다. 헬렌은 그런 프랭크에게 고기와 햄과 소시지 등을 소포로 건네고, 뉴욕에서 살아가는 세세한 일상의 근황을 전했다. 두 사람은 각자의 처지와 상황, 환경을 이해해가며 우정을 쌓았다.

무려 20년 동안 이어진 우정 끝에서 프랭크는 "우리의 몸과 마음은 늙었지만, 생활은 여전히 궁핍하다."라며 회한에 젖는다. 그런 프랭크에게 헬렌은 "그래도 우린 아직 살아있잖느냐."라며 위로를 전한다. 그리고 프랭크는 1968년 세상을 떠났다. 세상 사람들이 기억하기에 프랭크는 "자신의 해박함을 두루 나눌 줄 아는 사람"이었고, "굉장히 사려 깊고 유머가 넘치는 사람"이었다. 그의 부고 직후 날아든 수많은 애도 편지가 그 방증이었다. 하지만 헬렌과 나눈 편지야말로 이들이 가장 인간적인 배려로써 서로에게 다가갔음을 말해 준다.

　

·

　

프랭크는 윌리엄 버틀러 예이츠의 시 '천상의 옷'을 편지로써 헬렌에게 읽어주었다. 비록 가난해 가진 것은 꿈뿐이었지만, 그마저도 저편과 나누려는 따스한 사랑이었으리라.

가을, 편지 한 장 써 보내야겠다. 비록 따스한 사랑이 아니더라도, 연필로 꾹꾹 눌러 쓴 한 장으로는 안부를 물으며 근황을 전할 수 있다면 좋겠다. 그 끼적거림의 사각거리는 소리가 남겨 놓은 또 한 장의 흔적을 남몰래 홀로 간직할 수 있다면 좋겠다.

연관 검색 영화

졸업(1967)

감독 | 마이크 니콜스
주연 | 앤 밴크로포트, 더스틴 호프만

앤 밴크로포트의 농염한 유혹

두 교황(2019)

감독 | 페르난도 메이렐레스
주연 | 앤터니 홉킨스, 조나단 프라이스

상반된 입장과 세상을 향한 시선. 그 무게를 느끼라!

1, 2, 3, 4, 5, 6, 7, 8 안대회 지음, 《정조의 비밀편지: 국왕의 고뇌와 통치의 기술》, 문학동네, 2010년
9, 10 이태준 지음, 《문장강화》, 창작과비평사, 1988년

영화 〈84번가의 연인〉은?

미국의 작가 헬렌 한프Helene Hanff가 쓴
《채링 크로스 84번가》를 원작 삼은 작품. 그는 1949년
옛 책을 구하기 위해 영국 런던의 채링 크로스 84번가의
중고서점 마크스에 보낸 것을 시작으로, 서점 직원
프랭크 도엘과 이후 20년 동안 편지를 주고받았다.
그 과정에서 나눈 두 사람의 우정 혹은 사랑의 교감을 그린
실화 영화다. 데이빗 휴 존스 감독 연출로 앤 밴크로프트와
앤터니 홉킨스가 주연한 1987년 작품이다.
이제 레스토랑이 들어선 채링 크로스 84번가에는
마크스 서점이 있었다는 동판이 남았다.

'The End'…아직은 끝이 아니야
…시네마천국

"영사기의 빛이 정지된 프레임(카메라 셔터가 눌러진 시간만큼
기록된 일정한 장수의 연속된 이미지. 필름의 폭 35mm 카메라의 경
우 대체로 초당 24장)을 지나 일정 시간 동안 스크린에 영상을
비추고, 영사기로부터의 빛이 차단되고 스크린이 아주 짧은
순간 어두워진 사이에 영사기는 필름을 움직여 다음 프레임
을 '정위치'시키고, 다시 빛이 들어오면 새로 정위치된 프레
임이 정지상태에서 스크린에 비추어지고, 또다시 빛이 없어
지며 스크린이 어두워지고…. 이 과정이 끝없이 반복되면서
관객들은 자신들이 움직이는 그림을(또는 현실 그 자체를) 보고
있다는 착각에 빠지는 것이다."[1]

영화에 관한 대중적 이론서《영화에 대하여 알고 싶은 두세 가지 것들》이 간단히 설명한 영화 필름 상영의 원리다. 1991년 '구회영'이라는 필명으로 책을 쓴, 영화〈장미빛인생〉의 연출자이자 부천국제판타스틱영화제 집행위원장을 지낸 김홍준 한국예술종합학교 교수는 "카메라가 그림을 구체적인 사진의 형태로 프레임 하나하나에 기록하고, 영사기가 그러한 프레임 사이사이에 어둠을 만들어 넣어 스크린에 비추는 것."[2]이라고 부연했다.

이탈리아 시칠리아의 시골 마을 지안칼도의 알프레도는 열 살 때부터 이런 원리로 돌아가는 영사기를 지켰다. 낡은 극장의 비좁은 영사실에 불이 나기 전까지 그는 "같은 영화를 100번도 더 보며 늘 혼자 외롭게" 일해야 했다.

그러는 사이〈황금광시대〉의 찰리 채플린,〈역마차〉의 존 웨인,〈바람과 함께 사라지다〉의 클라크 게이블과 비비안 리를 만났다. 그들은 끊임없이 알프레도를 향해 무언가를 말해주었다.

알프레도는 이들이 전해온 말을 인생의 또 다른 교훈으로 받아들였다. 일하는 데 거치적대기만 하는 개구쟁이 소년 토토에게도 이를 마치 자신의 생각처럼 전해줄 수 있었다. 토토도 알프레도의 말을 통해 세상을 알게 모르게 배워갔다. 화재로 사고를 당해 시력을 잃어버린 알프레도를 대신해 새롭게 현대식으로 꾸며진 극장의 영사기사가 된 토토는 어느새 한 여자를 사랑하는 나이로 자라났다. 한눈에 반해버린 엘레나와 애틋한 감정을 나눴다. 하지만 사랑은 한순간 떠나버렸다.

　　"산다는 건 영화와 달라! 인생은 훨씬 더 힘들지."

　사랑을 잃은 절망의 시간에 알프레도는 토토에게 이렇게 말했다. 그것이 어떤 영화, 어떤 배우의 대사였느냐고 물었을 때, 알프레도는 아무도 그런 말을 하지 않았다면서 자신의 생각임을 밝혔다. 그러면서 눈이 먼 자신보다도 앞을 보지 못한다며 토토를 나무랐다. 비좁은 영사실에서 작은 창을 통해 스크린에 투사되는 빛과 어둠, 그림과 어둠이 교차하는 반복의 순간에서 알프레도는 그 자신, 토토처럼, 인생을 깨달아갔기 때문이다.

　알프레도는 무엇을 하든 그걸 꼭 사랑하라며 토토의 등을 떠밀었다. 영사실과도 같은 비좁은 세상에서 벗어나 스크린처럼 넓은 세상으로 훌훌 날아가 꿈을 펼치라는, 더 오래 산 이의 경험치를 안겨주었다.

　영화는 그렇게 토토의 어린 시절을 가득 채워준 애틋한 추억으로 남았다. 알프레도가 힘겹게 영사기사로 일하면서도 "극장에 사람이 가득 차고 웃는 소리가 들리면, 나도 행복해. 세상살이 힘든 거 잊게 해준 거잖아."라고 그나마 흐뭇해한 모습을 토토는 아마도 영원히 잊지 못할 것이다.

극장은 알프레도와 토토뿐 아니라 마을 사람들 전체의 공동체이기도 했다. 이들은 매일 밤 극장에 모여 검열로 인해 일부 장면이 잘려나간 영화를 보면서 환호하고 눈물 흘렸다. 마을 광장의 건물 외벽에 영화가 비쳤을 때 이들은 돈을 주지 않고도 함께 이야기를 즐기며 웃고 울었다.

그때 '광장은 우리 것'이 되었다. 누구에게나 열려 있고, 모두가 함께 누릴 수 있는 공간으로서 광장을 그렇게 열어준 것, 바로 영화였다. 비록 엄격한 검열의 가윗날이 키스와 정사의 장면을 잘라내긴 했어도, 그것이 시대적 암울한 공기를 말해주는 것이라도, 사람들은 영화로 서로를 잇고 또 이었다.

그래서 관객에게 영화는 이제 자신의 세상을 채워주는 또 하나의 온기로 다가온다.

"산다는 건 영화와 달라! 인생은 훨씬 더 힘들지."

알프레도의 명언을 다시 한번 기억하면서 관객은 영화를 통해 또 다른 인생을 들여다본다. 비록 삶이 영화와 다르더라도 관객은 영화를 통해 삶을, 세상을 그렇게 정면으로 응시하는 힘을 얻고 있다.

알프레도는 검열 신부의 명을 따라 키스와 정사의 장면을 잘라 냈지만 이를 버리지 않았다. 기어이 이를 이어 붙이고 또 이어 붙여 마치 한 편의 영화처럼 필름을 세상에 남겨 놓았다. 유명 감독으로 성장한 토토는 때마다 이를 되새기며 더 진한 여운을 남기는 영화를 만들어 갈 것이다.

◆

여기 소개한 영화들도 모두 추억과 사랑과 우정을, 세상과 삶을 이야기한 작품들이다. 차갑고 힘겨운 현실을 고스란히 드러내면서 동시에 그 안에서 새로운 세상과 꿈과 미래를 향해가자고 말했던 영화들이다. 그 각각의 마지막 장면, 오래된 필름의 영화 속 마지막 장면에 얹혀진 '끝' 또는 'The End' 자막을 대신하는 것은 그래서, '아직은 끝이 아니야'라는 말이리라.

삶은 그렇게 오래 지속될 것이므로.

1, 2 구회영 지음, 《영화에 대하여 알고 싶은 두세 가지 것들》, 한울, 1991년